아줌마
꽃

아줌마

이민아 지음

씨네북스21

친정어머니
시어머니
옥주 아줌마, 수희 이모
김선주, 조선희, 이미경 선배
수영이
사랑하는 내 남편
뱃속에서부터 순했던 내 아들에게

차례

1 나를 온통 헤집어 놓은 인생에 대하여

아줌마 A	효부 10
아줌마 B	할머니가 되고 싶은 여자 13
아줌마 C	아임 쏘리, 벗 노 16
아줌마 D	비행기 타는 여자 20
	길에서 만난 이야기 1	황야의 여자 24
아줌마 E	산 사람은 살아야 한다 29
아줌마 F	제사의 여왕 32
아줌마 G	달리는 여자 36
아줌마 H	게이와 결혼한 여자 40
	길에서 만난 이야기 2	허묘 43
아줌마 I	밥하는 여자 47
아줌마 J	풍금을 부순 자리 51
아줌마 K	딸딸이 엄마 55
아줌마 L	연애하는 여자 59
	길에서 만난 이야기 3	다 가진 여자 64
아줌마 M	한풀이 하는 여자 68
아줌마 N	비즈니스 우먼 72
아줌마 O	완벽한 사위를 둔 여자 75
아줌마 P	박사 받은 여자 78
	길에서 만난 이야기 4	도색서점에서 만난 여자 81
아줌마 Q	대리 엄마 86
아줌마 R	팔자 좋은 여자 90
아줌마 S	입시 전문가가 된 여자 94
아줌마 T	기다리는 여자 98
	길에서 만난 이야기 5	벽제 가는 길 101
아줌마 U	쓰레기로 사는 여자 104
아줌마 V	금쪽회의 전설 107
아줌마 W	능력있는 여자 111
아줌마 X	조직의 여자 116
	길에서 만난 이야기 6	소공녀 120
아줌마 Y	맞는 여자 125
아줌마 Z	점쟁이 128

2 살아 있음을, 살아 있는 존재임을

아줌마 A	진상	136
아줌마 B	돈 쓰는 여자	140
	길에서 만난 이야기 7 ｜ 〈자이언트〉	144
아줌마 C	남편이 죽었는지 살았는지 모르는 여자	150
아줌마 D	영재 엄마	154
아줌마 E	파는 여자	158
아줌마 F	순회공연 하는 여자	162
	길에서 만난 이야기 8 ｜ 못생긴 그녀	166
아줌마 G	호상好喪 치른 여자	169
아줌마 H	하녀	173
아줌마 I	대를 이은 여자	176
아줌마 J	계주하는 여자	180
	길에서 만난 이야기 9 ｜ 미친 여자	183
아줌마 K	개를 사랑한 여자	188
아줌마 L	비는 내리고, 어머니는 시집 못 간다	193
아줌마 M	아토피 엄마	196
아줌마 N	엄친딸	200
	길에서 만난 이야기 10 ｜ 아버지와 딸	204
아줌마 O	살인을 피한 여자	207
아줌마 P	계산을 잘한 여자	211
아줌마 Q	아버지 덕 본 여자	214
아줌마 R	가정을 지킨 여자	218
	길에서 만난 이야기 11 ｜ 처용處容	222
아줌마 S	잘나가는 여자	229
아줌마 T	도인道人	233
아줌마 U	수절하는 여자	236
아줌마 V	성공할 여자	241
	길에서 만난 이야기 12 ｜ 천국에서 만난 여자	244
아줌마 W	시를 받은 여자	250
아줌마 X	주리반득周利槃得	254
아줌마 Y	15만 원	257
아줌마 Z	재회	260
	작가의 말	265

- 1막 -
나를 온통 헤집어 놓은 인생에 대하여

아줌마 A　　　　효부

　　　　　　　　아줌마 A는 효부다. 아줌마 A가 효부라고 소문이 난 이유는 시어머니의 까다로운 입맛을 40년 넘게 맞춰 줘서도 아니고, 지방에 사는 시동생을 서울로 불러올려 데리고 있다가 줄줄이 장가를 보내서도 아니고, 대장암으로 드러누운 시어머니의 병수발을 오래 해서도 아니다. 아줌마 A가 효부라고 소문이 난 이유는 한 번의 폭행 사건 때문이다.
　　일흔에 세상을 뜬 시어머니 K에게는 오래된 시앗 L이 있었다. 시앗은 원래 술집 여자로 시아버지 P의 비위를 잘 맞추는 여자였다. 시어머니 K가 아들 셋을 낳았다면, 시앗은 딸 둘을 낳았다.
　　시앗은 가난한 여자였다. 그러므로 시아버지 P가 밥줄이자 곧 직업이었다. 그만큼 시앗은 끈질겼다. 보통의 시앗을 보면 집으로 쳐들어가 들부수는 것은 본처의 몫이다. 하지만 시앗 L은 본인이 시어머니 K의 집으로 쳐들어가 시어머니 K를 질리게 했다. 시어머니 K는 시앗 L에게 헤어져달라고 어르기도 하고 협박도 해 보다가 그만 포기하고 말았다.

시어머니 K는 모든 희망을 시아버지 P가 아닌 아들에게 걸었다. 며느리인 아줌마 A를 들들 볶아댄 것은 당연한 일이었다. 이제 시어머니 K의 연인은 아들이었고, 운명의 연적은 시앗이 아닌 며느리, 아줌마 A였다.

아줌마 A의 시집살이가 어떠했는지는 굳이 말로 설명하지 않겠다. 다만 몇 가지만 이야기하자면 이렇다. 깍두기 무를 썰 때는 가로, 세로, 높이가 모두 3센티미터로 맞아야 한다는 것이 시어머니 K의 지론이었다. 아줌마 A가 그 규격을 맞추지 못하자 시어머니 K는 아줌마 A의 손등을 칼등으로 치며 자를 갖다 주었다.

시어머니 K의 취미는 아줌마 A가 분리수거를 제대로 했는지 안 했는지 확인하는 것이었다. 트집을 잡기 위해 시어머니 K는 다 정리해 놓은 쓰레기를 온통 뒤집어 놓았으며, 아줌마 A에게 트집을 잡을 것이 없는 날은 동네 다른 집의 분리수거 쓰레기를 뒤져 그 집의 초인종을 눌렀다. 한번은 분리수거를 잘못한 사람이 외국인이었던 적이 있었는데, 시어머니 K는 그 외국인이 한국말을 알아듣든 말든 끝까지 야단을 치고 왔을 정도였다.

시어머니 K가 대장암을 앓다가 기어코 세상을 떠난 날, 아줌마 A는 몹시 지쳐있었다. 2월의 추운 날씨에 생리가 터지고, 설사는 겹쳤는데, 한창 일할 나이의 형제가 셋이나 되는지라 병원 빈소로 찾아오는 손님이 끊이지 않고 있었다. 시아버지 P는 한쪽에서 육개장에 막걸리를 마시고, 고스톱을 치고 하며 엉덩이 한 번 뗄 생각을 안하고 있었다.

그때였다. 시앗 L이 소복을 입고 나타난 것은. 시앗은 당당한 표정으로 향을 피우기 위해 빈소로 성큼성큼 들어왔다. 그때 아줌마 A가 갑자기 머리꼭지가 휙 돌았는지, 시앗에게 육개장 그릇을 집어 던지고 이 뺨 저 뺨을 쳤다. 아줌마 A의 인생을 피곤하게 만든 인간이 직접적으로는 시어머니 K라면, 간접적으로는 시앗 L이었다.

시앗도 아줌마 A의 공격에 지지 않고 아줌마 A의 머리채를 잡았다. 하지만 인간이란 기습공격에 약하게 마련이고, 60대의 체력과 40대의 체력은 확실히 달랐다. 아줌마 A는 시앗을 지근지근 밟아 놓고 경찰서에 끌려가서 벌금을 내고 왔다.

아줌마 A의 이 사건을 본 사람들은 아줌마 A에게 "효부네, 효부야. 내가 죽으면 어떤 며느리가 저렇게 시앗을 밟아줄꼬" 하지만, 아줌마 A의 가장 절친한 친구 S만큼은 아줌마 A의 속을 안다. 시아버지 P는 여자 취향이 뚜렷한 남자였다. 그래서 시앗은 시어머니와 형제라고 해도 얼추 믿을 만큼 생김새가 닮았다. 광대뼈가 강한 것이나, 눈초리가 올라간 것, 어깨가 좁고 손발이 작은 것도 같다.

사부작사부작 빈소로 걸어 들어오는 시앗을 보고, 아줌마 A는 시어머니 K를 떠올렸다. 평생 시어머니 K에게 한 번 대들어 보지도 못한 아줌마 A는, 시어머니를 팬다 생각하고 시앗 L을 두들겨 팬 것이다. 이 년아 좀 맞아 봐라, 너도 한 번 당해 봐라 하고.

아줌마 B

할머니가 되고 싶은 여자

아줌마 B는 할머니가 되고 싶은 여자다. 아줌마 B는 아들 하나 딸 하나를 두었는데, 그 아들이 그렇게 잘났다. 생기기도 잘났고, 키도 180은 족히 된다. 그런데 아들 K가 대학 시절부터 연애한 학과 동기라며 어디서 키가 150이 될까 말까 한 여자를 데리고 왔다.

여자는 수의학과를 나와 외국계 제약회사를 다니고 있다고 했는데, 능력도 출중하고 연봉도 높다고 했다. 하지만 피부가 백옥 같은 아줌마 B의 아들에 비해, 여자는 피부도 지저분하고 말하는 것도 마음에 들지 않았다. 아들은 아줌마 B에게 난 쟤를 만나서 이것도 배우고 저것도 배웠다며 좋은 여자라고 했다. 하지만 아줌마 B는 난 쟤 별로다, 네가 어디가 못나서 저렇게 난쟁이 똥자루만 한 애랑 살아야 하냐며 결혼을 1년, 2년 미뤘다.

아줌마 B의 남편 아저씨 B는 부자였다. 아저씨 B는 대기업에 취직했지만 연봉이 아직 이천이 넘을까 말까한 아들을 위해 신용카드 한 장을 만들어 주었다. 그렇게 만들어 준 신용카드 명세서에 몇 달 후 'ㅇㅇ 산부인과'와 'ㅇㅇ 한의원'이 몇 십만 원씩 찍혀 나왔다.

— 아니, 얘들이 애를 지웠나…….

아줌마 B는 심장이 덜컹했지만, 차마 아는 척을 할 수가 없었다. 아줌마 B는 그냥 못 본 것으로 하기로 했다. 그 후로도 두 번 더 아들의 신용카드 명세서에는 'ㅇㅇ 산부인과'와 'ㅇㅇ 한의원'이 찍혀 나왔다. 중절수술을 하고 보약을 지어준 것이 틀림없었다.

아들의 나이가 서른이 넘고, 그 난쟁이 똥자루만 한 여자도 서른을 넘겼을 시점이 되자 둘은 더 이상 만나지 않는 눈치였다. 아줌마 B는 성사되면 무조건 천만 원, 하고 아들을 맞선 시장에 내보냈다.

아줌마 B는 석 달 만에 며느릿감 S를 찾아냈다. 며느릿감 S는 키도 170은 될 정도로 늘씬하고 손도 뱅어같이 매끈한 여자였다. 며느릿감 S는 아들 K와도 금방 정이 들었다. 아들은 그 무렵 원룸을 얻어 혼자 살고 있었는데, 며느릿감 S가 들락거리다가 둘이서 속정이 들어버린 모양이었다.

그런데 부부금실이 너무 좋아서 삼신할미가 샘을 냈는가. 며느리 S는 아들과 결혼을 하고 8년이 넘도록 임신을 하지 못했다. 아들의 나이가 어느새 마흔이 넘어가자 아줌마 B는 초조해지기 시작했다. 세 번이나 생겼던 자식이니 절대 아들의 탓은 아닌 일이었다.

아줌마 B는 며느리 S에게 미안하지만 물러나 달라고 했다. 며느리 S

는 울며불며 매달렸지만, 후하게 위자료를 쳐주자 간단하고 신속하게 이혼이 성사됐다. 아줌마 B는 그보다 더 신속하게 며느리 T를 맞이했다. 시간이 촉박했다. 그런데 며느리 T를 들이고도 다시 7년이나 아이가 생기지 않았다.

　이제 아들의 나이는 오십이 내일모레. 아줌마 B는 술만 들어가면 십수 년 전에 놓친 손자들 셋을 생각하며 애가 터져한다. 낳았으면 다 줄줄이 아들이었을 것 같다며 애간장이 터져한다.

아줌마 C

아임 쏘리, 벗 노

아줌마 C는 큰 학원 원장의 사모님이다. 아줌마 C는 고등학교 영어교사를 하던 남편을 설득해 영어 학원을 차린 후, 알토란 같이 학원을 키워왔다. 아줌마 C는 영어는 잘 몰라도 사람 쓸 줄을 알았다. 서울에는 유학 다녀오고 직장이 안 잡혀 돈이 궁한 해외 유학파들이 그득했다. 아줌마 C는 이런 젊은이들을 모아 짜임새 있게 꾸려서 예비 유학생들에게 토플이나 GRE 치는 법을 가르치게 했다. 같은 시간 강사라도 입매가 단정해 성격이 꼼꼼하고 자기 이야기를 많이 지껄이지 않는 사람을 뽑는 것이 아줌마 C의 비결이라면 비결이었다.

캘리포니아 모 대학에 컴퓨터 공학 전공으로 유학을 간 딸 S는 아줌마 C의 자랑이었다. 아줌마 C의 딸이니 만큼 눈치가 빠르고 근성이 있었다. 아저씨 C는 아줌마 C와 딸 S와 합쳐 '쌍고집'이라고 불렀다. 딸 S는 하고 싶은 것은 반드시 해내고, 갖고 싶은 것은 가질 수 있을 때까지 포기하지 않았다.

아줌마 C는 그런 딸이 대견하기도 하면서도 한편으로는 불안하기도 했다. 성품이 온순한 아저씨 C와 달리 딸 S는 아줌마 C 마음대로 할 수 있는 호락호락한 상대가 아니었다. 아줌마 C가 딸 S에게 바라는 것은 유학을 마치고 돌아와 한국에서 의사나 약사와 결혼을 하는 것이었다. 의사나 약사가 아니라면 검사나 판사도 괜찮았다. 하지만 딸 S는 유학을 마치고 돌아오는 대신 실리콘밸리에서 전자 회사에 들어가는 것을 택했다.

딸 S가 승진을 거듭하며 승승장구한다는 소리를 들어도 아줌마 C는 딸이 걱정스럽기만 했다. 그리고 딸 S가 마침내 결혼을 하겠다는 남자의 사진을 이메일로 보내오자, 아줌마 C는 그동안 자신을 괴롭혔던 불안감의 실체가 무엇인지 알게 되었다. 인도 사람이었다.

— 엄마, 그 남자 진짜 착한 사람이야. 나같이 성질 더러운 년은 이런 남자 아니면 안 돼.

아줌마 C는 바로 비행기 표를 구해서 딸 S를 만나러 갔다.

아줌마 C가 딸 S의 남자 G를 만나서 무슨 이야기를 했는지, 딸 S는 모른다. 하지만 확실한 것은 나이 서른이 넘은 남자 G가 눈물을 뚝뚝 흘릴 만한 대화가 오갔다는 것이다. 영어 학원을 '운영'하긴 하지만 정작 영어에는 젬병인 아줌마 C가 어떻게 G와 의사소통을 할 수 있었던 것인지, 딸 S는 어처구니가 없었다. 영어에 한국말을 아무렇게나 섞어 써도 중요한 뜻은 다 통하는 모양이었다. "넌 내 딸과 결혼 못한다. 한국 사람이 아니기 때문에. 너 좋은 사람이란 거 알겠다. 아임 쏘리.

벗, 노.(I'm Sorry. But, No.)"

딸 S는 아줌마 C에게 불같이 화를 내며 역시나 한국말과 영어를 섞어가며 이렇게 말했다. "애니웨이(Anyway) 전 결혼합니다. 이츠 유어 폴트.(It's your fault.)" 딸 S는 아줌마 C가 열 받거나 말거나 정말로 인도 남자 G와 결혼해버렸다. 그리고 자신이 결혼한 이후로 말수가 부쩍 줄었다는 아줌마 C에게 가끔 전화를 걸어 이렇게 말했다.

— 엄마, 이제 그만 포기해요. 엄마가 무시하는 그 사람, 연봉이 얼마인지 알아요? 20만 달러가 넘어요.
— 20만 달러라고 해 봤자 연봉 2억 아냐? 그 물가 비싼 동네에서 세금 떼면 남는 것도 없을 거다. 너 우리 학원 한 달 매출이 얼마인지 아니?
— 엄마, 우리 이번에 집 샀는데 밀리언이 넘는 집이에요.
— 얘, 내가 깔고 앉은 강남 아파트 값도 10억 원은 넘는다. 미국 백만장자 별거 아니구나.
— 아휴, 그만 좀 해요. 내가 꼭 이혼을 해야 속이 후련하겠수?
— 왜? 요즘 한국에서 이혼은 흉도 아니다.

그 이후로 딸 S는 아줌마 C에게 더 이상 전화하지 않았다. 어느 날 딸을 낳았다며 육아 일기를 올리는 블로그 주소를 아줌마 C에게 이메일로 띡하니 보내줬을 뿐이었다. 아줌마 C는 '내가 여길 들어가나 두고 봐라' 했지만 가끔씩 손녀의 사진이 올라와 있는 블로그를 둘러보았다.

인도인과 한국인의 피가 섞인 손녀는 코가 오똑하고 눈이 깊은 인형 같은 아이였다. 손녀의 인형 같은 외모에 힘입어 딸 S의 블로그는 점점 유명해졌다. 그리고 이제 손녀의 블로그를 살펴보는 것은 아줌마 C의 낙이 되었다. 그런데 손녀의 블로그가 유명해지면서 블로그에는 입에 담을 수 없는 험한 말들의 댓글이 점점 늘어나기 시작했다. "튀기구만 튀기." "잡종이네." "서양놈도 아니고 인도놈하고……."

아줌마 C는 잠을 잘 수가 없었다. 손녀가 혼혈이란 것을 빌미로 손녀는 물론이고 딸까지 싸잡아서 입에 담을 수 없는 말들을 쏟아내는 수많은 악플러들. 아줌마 C는 '나랑 상관없는 일이다' 하면서도 생각할수록 혈압이 올랐다. 그리고 미국 시민권자인 딸을 대신해서 한국의 사이버수사대에 수사를 요청했다.

— 그래, 그놈들은 잡았수?

오랜만에 전화를 건 딸 S가 킬킬 웃으며 아줌마 C에게 물었다.

— 그럼, 잡았지.

— 뭐래요?

— 선처를 바란다더라. 아임 쏘리, 벗 노 했지.

아줌마 D　　　　## 비행기 타는 여자

　　아줌마 D는 3개월마다 비행기를 타는 여자다. 굳이 이유를 찾자면, 이게 다 자식들을 너무 잘 둔 탓이다. 아줌마 D는 잘난 아들 둘, 잘난 딸 하나를 두었다.
　　아들 A는 일본의 전자회사에서 일하고 있다. 동종업계 취업금지법이라고 혹시 아시는지 모르겠다. 하여간 그런 게 있다. 그것 때문에 아들 A는 회사를 퇴사하면 2년 동안은 같은 업계의 다른 회사로 취직을 할 수가 없다. 가장이 일 안하고 2년 동안 손가락만 빨고 있을 수는 없다. 그래서 아들 A는 일본의 한 전자 회사에 취업을 했다.
　　아들 A는 특히 엔화가 강세를 보일 때 일본 취업에 성공했다. 그런 아들 A는 아줌마 D의 자랑이었다. 아줌마 D는 누가 취직을 하지 못해 고생하고 있다는 소리를 들으면 "그러게 왜 실업률 높은 한국에서 그래? 우리 애는 일본 회사에서 일하고 있잖아"라고 말했다.
　　둘째 아들 B는 중국으로 떠나면서 아줌마 D에게 이렇게 말했다.

— 아이템만 잘 잡으면 한 달에 천만 원 벌이는 아무것도 아니에요.

전문대를 졸업하고 동대문에서 옷집을 하던 아들 B는 중국에서 새로운 기회를 잡아 보겠다고 했다. 아들 B는 아시아에서 제일 크다는 섬유시장이 있는 중국 이우(義烏)에서 옷가게를 냈다. 그냥 흙바닥 좌판 가게가 아니고 번쩍번쩍한 건물에 입주를 한 제대로 된 가게다. 거기서 중국인 교포와 결혼까지 한 아들 B는 일 년의 대부분을 중국에서 살며, 한 달에 하루 이틀 정도만 이런저런 일을 처리하러 한국에 들어온다. 한국에서 드라마가 하나 뜨면 아들 B가 그 드라마의 패션소품을 중국에서 카피하는 데에는 이주일도 안 걸린다. 아들 B 역시 아줌마 D의 자랑이다.

딸 C는 국내 유수의 대기업에서 컴퓨터 관련 일을 했다. 월급은 짜도 전세 대출이며 연금이며 이런저런 혜택이 많다고 했다. 요즘같이 취업이 어려울 때에 아들딸 할 것 없이 취직 걱정이 없으니 아줌마 D는 더 바랄 것이 없었다.

아줌마 D가 3개월마다 비행기를 타기 시작한 것은 아들 A가 일본에서 며느리를 만나 손자를 낳고 부터였다. 며느리는 아직 공부하는 학생이고, 아들 A는 일을 제대로 못하면 회사에서 쫓겨날 뿐 아니라 일본에서 쫓겨나는 신세가 된다. 그렇게 되면 아들 A가 일본에서 잡아놓은 삶의 기반이 뿌리채 흔들리게 되니, 아줌마 D는 온 식구들의 동의하에 손자를 봐주러 일본에 갔다.

아줌마 D는 단기 방문비자로 3개월 정도 머물 수 있었다. 한국 식료품을 바리바리 싸가지고 일본에 가면 그럭저럭 비행기 값은 빠지는 셈이었다. 3개월이 만료되면 아줌마 D는 다시 한국에 돌아와, 묵묵히 집 지키고 있는 영감님 챙기고, 화단에 화초 손질하고, 미장원에서 머리에 힘 좀 주고, 치과 검진도 받으며 1개월을 쏜살같이 흘려보낸다.

그렇게 한국에서 점 한 번 찍고, 다시 일본에 가서 애기 보고, 비자 만료되면 영감님 건사하러 부리나케 한국 들어오고. 아줌마 D는 일본 여행을 자기 집 안방 드나들듯 했다. 정확히 말하면 일본 여행을 했다기보다는 아들네 집 두 칸짜리 집구석 여행이지만.

아들 A의 큰 손자가 웬만큼 크자 중국에 있는 아들 B네가 쌍둥이를 낳았다. 아들 B가 하는 사업의 통역이 되어 주고 손발 노릇을 하는 중국인 며느리는 도저히 집에서 쌍둥이만 키울 수 없었다. 아줌마 D는 이번에는 아들 B를 위해 중국으로 날아갔다. 중국인 유모를 구해서 쓰고 있기는 했지만 쌍둥이의 유모를 관리 감독할 사람이 필요했다.

아줌마 D는 단수비자, 복수비자를 갈아치워가며, 중국에 3개월 있다 한국 가고, 한국 찍고 다시 중국으로 들어가는 생활을 반복했다. 국제적인 보모가 따로 없었다. 그저 죄송할 따름인 아들 B는 아줌마 D가 한국에 돌아갈 때마다 명품 가방을 하나씩 선물했다.

— 지들이 좋아서 낳아 놓고 애는 왜 엄마더러 기르라는 건데?

아줌마 D의 컴퓨터 프로그래머 딸 C는 이렇게 툴툴거렸다. 그러던 딸 C가 남편과 함께 영국으로 떠난 것은 아들 B의 쌍둥이가 이제 겨우 걸음마를 뗄 때였다. 말이 좋아 해외취업이지, 쉽게 말해 일자리가 없어서 남의 나라로 쫓겨 간 것이었다. 딸 C는 영국에 가서 아기를 임신했다고 하더니, 영국이 의료비도 싸고 육아휴직도 잘 보장되어 있다며 애를 키우기에 좋은 나라 같다고 했다.

아줌마 D는 딸 C가 영국에서 애를 키우겠다는 결심이 반갑지가 않다. 일본이나 중국은 가깝기나 하지 영국은 비행기로 장장 12시간 거리다. 팔다리 힘도 이제는 예전 같지 않은데 딸 C마저 애를 봐달라고 하면 어찌할 것인가. "효녀 생색은 저 혼자 다 내더니, 결국 딸년이 제일 웬수야." 아줌마 D는 말한다.

길에서 만난 이야기 1

황야의 여자

내가 사막을 떠돌아다니던 시절의 이야기다. 집은 망해서 학자금 원조는 끊어졌는데, 그렇다고 한국에 돌아가기도 싫어서 라스베이거스 주변을 며칠이나 헤맸다. 나는 항상 도박운이 좋았다. 몬테카를로에서도, 호주에서도, 라스베이거스에서도. 원금의 40퍼센트 정도만 벌면 도박장을 뜨는 것이 나의 방식이었다.

그날은 유난히 운이 좋았다. 한 학기 등록금이 깨끗하게 내 손 안으로 떨어졌다. 한동안 교회의 쥐*로 살면 되겠다고 생각하고, 의기양양하게 사막을 가로질러 학교로 가는 길로 향했다.

라스베이거스에서 뉴욕까지 오는 길은 자동차 운전으로 하루 이틀 걸려 해결되는 일이 아니다. 나는 학교로 돌아오는 길 중간 중간, 싸구려 모텔이나 B&B**에서 잠을 청했다. 잠을 잘 때는 문을 단단히 걸어 잠그고 현금을 포개 배에 감쌌다. 누군가 칼을 들이밀더라도 돈은 내놓지 않을 자신이 있었던, 하룻강아지 범 무서운 것 모르는 젊은 때였다.

---

* 교회 지하실에서 공짜로 살며 잡일을 해주는 사람
** 침대와 아침 식사를 제공하는 가정집

콜로라도 덴버를 지나 네브래스카에 들어서자 황량한 풍경이 펼쳐졌다. 나는 유심히 주위를 살피며 달리다 쓸 만한 B&B 하나를 발견했다. 전형적인 영국식 아침 식사를 제공하는 곳이었다. 숙소에 들어서니 특이하게도 주인 여자가 한국 사람이었다. 육덕해 보이는 주인 여자는 야참으로 라면을 끓여 주었다.

하루 종일 운전을 해서 지친 몸에 라면을 먹고 콜라를 마시니 천국이 따로 없었다. 라면을 먹고 콜라를 마시면 탄수화물과 카페인의 동반 작용으로 머리가 마약을 한 것처럼 된다. 내가 "이거 마약이 따로 없네요" 하자 주인 여자는 내게 마약을 해본 적이 있냐고 물었다.

— 한국 사람이 누가 마약을 합니까? 한국에서 마약하면 패가망신이 지요.

미국 학교에서 마약을 구하려면 학교 앞 어두침침한 바, 당구대 옆 죽돌이를 찾으면 된다. 하지만 내게는 그럴 돈도, 그럴 생각도 없었다. 내 대답에 주인 여자가 미소를 지었다. 이제껏 본 적이 없는 스산한 미소였다.

도박장을 돌아다니다 보면 별별 인생들을 다 만나게 되지만 그처럼 스산한 미소는 처음이었다. 그녀는 "마약하면 패가망신……" 하며 내가 한 말을 되뇌이더니, 자기가 아는 어떤 집안 이야기를 한 번 들어볼 테냐고 물었다.

내가 아는 어떤 부잣집에서 늘씬하고 예쁜 며느리를 돈으로 싸서 데려왔지요. 지금 내 이야기를 듣고 있는 아가씨처럼 머리숱이 많고, 달

갸름형 얼굴에 허리가 가는 아가씨였죠. 허리가 어떻게 가늘었는지 남편이 두 손을 쫙 펴면 양손으로 허리를 감쌀 정도였어요.

여자는 유학생인 남편을 따라 미국 땅에 왔어요. 그때는 지금처럼 유학이 흔치 않아서, 정말 부잣집 자식들이나 올 수 있는 것이 미국 유학이었답니다. 남자네 집안은 상당히 넉넉한 편이었지만, 그렇다고 돈을 마구 써서는 안 된다고 남자가 주장해서 여자는 역시 미국으로 유학 온 시누이와 같은 집에 살아야 했어요. 시누이는 얼굴은 돼지상이지만 몸이 포동포동한 것이 색기가 은은한 여자였답니다.

시누이와 남편은 사이가 아주 좋았어요. 둘이서 항상 무슨 이야기인가를 속살속살 하다가 여자가 나타나면 말소리가 뚝 끊기곤 했지요. 그러던 어느 날, 둘이서 무슨 이야기를 헉헉 소리를 내면서 하기에 무심코 방문을 활짝 열어 젖혔는데, 여자는 그날 못 볼 것을 보고 말았답니다.

여자는 친정 빚 때문에 결혼을 한 처지라 이혼을 할 수도 없었어요. 게다가 그 시대는 이혼을 용납하는 시대도 아니었답니다. 죽으려고 차를 몰고 강으로 돌진하는데 갑자기 백미러에 비친 삼단 같은 머릿결이 너무 아까웠다고 하더군요. 이 머리칼이 물에 젖을 걸 생각하니 도저히 물에 빠지고 싶지가 않았대요.

감기약을 많이 먹고 죽어보려고도 했대요. 하지만 그런 방법으로는 잘 죽어지지도 않았다고 하네요. 그런데 그때 그 여자는 알았어요. 어떤 감기약에는 마약 성분이 들어 있다는 걸. 예나 지금이나 마약이란 것은 구하려고 마음만 먹으면 어떻게든 손에 넣을 수가 있는 요물이지요.

시누이가 한국에 나간다고 했을 때, 여자는 한 달 전부터 시누이의 밥에 조금씩 마리화나를 섞었어요. 먹었는지 안 먹었는지 모르게 케이크에 섞기도 하고, 자기 전에 잠 오는 약이라고 먹이기도 했지요.(이 대목에서 나는 내가 먹은 라면에 혹시 뭔가가 들어있던 것은 아닌가 하여 불안한 눈빛으로 주인 여자를 쳐다보았다.) 그러다 마침내 시누이가 출국하는 날, 여자는 시누이의 가방 안쪽에 마약으로 떡을 빚어 붙여 놓았어요.

시누이는 공항에서 마약 운반 혐의로 붙잡혔답니다. 당연히 머리카락에서는 마약이 검출되었고요. 미국 감옥에서 복역을 하다가 얼굴에 칼자국까지 생겼다고 해요. 지금도 그렇지만 한국에서는 마약을 한다고 하면 집안이 완전히 풍비박산이 되지요.

여자는 남자의 집안이 망한 것을 핑계로 이혼을 하고 어딘가로 사라져버렸다고 하더군요. 남자는 미치광이가 되어 동생 옥바라지를 한다고 했다가 자신이 먼저 마약중독자가 되어 죽었다는 소문도 들리고요.

나는 B&B 주인 여자의 얼굴을 바라보며 저 얼굴에서 살이 빠지면 달걀 같은 상이 나올까 생각해 보았다. 하지만 아무리 생각해도 주인 여자는 돼지상에 가까웠고 원래부터 살집이 있는 체격이었다. 게다가 얼굴에는 희미하지만 칼로 새겨진 듯한 흉터가 있었다.

나는 라면 잘 먹었다고 주인 여자에게 인사를 하고, 차 트렁크에서 꺼낼 짐이 있으니 잠깐 바깥 주차장에 좀 다녀오겠다고 했다. 심장 근육이 벌떡벌떡 뛰는 것이 느껴졌다. 나는 주차장에서 차에 올라 뒤도 돌아보지 않고 그 도시를 떠났다.

  어쩌면 내가 너무 예민했던 것인지도 모른다. 복대에 두르고 있는 현금이 너무 많아 덜컥 겁이 났던 것인지도 모른다. 또 주인 여자의 이야기는 그녀가 어디서 주워들은 뜬소문일지도 모른다. 하지만 나는 지금도 그 B&B를 지체 없이 떠났던 것을 후회하지 않는다. 리스크가 커진다 싶으면 판을 뜨는 것이 내가 늘 도박에서 이기는 비결이었기 때문에.

_ 이 이야기의 구성 방법은 보르헤스의 《픽션들》 중의 한 단편에서 따왔다.

아줌마 E   산 사람은 살아야 한다

　　　　　　　　아줌마 E의 여동생 C가 자궁경부암에 걸렸다는 소식을 들었을 때, 아줌마 E는 매부 C를 증오했다. 자궁경부암이 대개 성관계로 옮는 바이러스로 인해 생긴다는 것을 알고 있었기 때문이다. 요조한 여동생 C가 어디 다른 외간남자와 자서 병에 걸렸겠는가. 아줌마 E는 매부 C에게 어디서 성병 따위를 옮아오는 놈이라고 눈을 희게 뜰 수밖에 없었다.

　여동생 C는 자궁암 3기였다. 이것저것 뜯어내고 살아보려고 했다. 여동생이 서울대 병원에 입원해 있는 동안 아줌마 E는 C를 정성으로 간호했다. 친정어머니도 돌아가신 마당에 혈육이라고는 여동생뿐이었다. 나이가 드니 주변 사람이 죽는 것이 뼈에 사무치게 아팠다.

　여동생은 아줌마 E에게 말했다.

　— 언니, 나 죽으면…… 저 사람 재혼 못하게 지켜줘. 아들을 셋이나 낳아 줬으니 자손이 부족한 것도 아니고, 애기집이 문드러지도록 지한

테 봉사했는데 지가 양심이 있으면 재혼은 안 되지. 다른 여자한테서 자식이라도 보면 내 새끼들 어떻게 되겠어?

아줌마 E는 약속했다. "걱정 말고 자리 털고 일어나거라. 너 해달라는 건 다 해 줄게."

그러나 정성껏 간호한 보람도 없이 여동생 C는 죽었다. 불과 마흔다섯의 나이였다. 매부 C는 술을 마시고 노여워했다. 아들들은 넋을 놓고 울었다. 중학생 둘에 고등학생 하나. 자기 옷은 겨우 챙겨 입을 줄 알지만, 반짇고리가 어디 있는지 예금통장은 어디 있는지도 모르는 남자 넷이 덩그러니 빈집에 남았다.

아줌마 E는 주말마다 네 남자를 불러다 밥을 먹였다. 한참 먹을 나이의 사내들은 고기를 관으로 구워도 다 먹었다. 간혹 만두나 수제비로 때울라치면 무조건 1인당 2인분은 기본이었다. 달걀부침을 해도 1인당 네 개씩은 먹었다. 그렇게 먹고도 돌아서면 무심코 "아, 배고프다" 하고 중얼거렸다. "저것들이 배가 고픈 것이 아니라 정이 고픈 것이야." 아줌마 E는 마음이 짠했다.

아줌마 E는 네 남자가 빈집에 돌아갈 때마다 콩장이며 김치며 밑반찬을 넉넉히 들려 보냈다. 아줌마 E의 군대 간 아들 둘까지 휴가를 나오는 날이면 황소 같은 남자들 여섯이 냉장고를 거덜 냈다. 그래도 손님이라 고기 냄새 없이는 상을 내갈 수 없었기 때문에 아줌마는 때마다 별식을 준비했다.

한 6개월을 그렇게 보내자 가계부에 빨간불이 켜졌다. 도대체 살림을 어떻게 하기에 생활비를 그렇게 많이 쓰느냐고 남편은 욕지거리를 했다. 그뿐만이 아니었다. 토요일 일요일은 어디 놀러 가지도 못하고, 뜨거운 불 앞에서 하루 종일 일곱 남자들의 밥상을 차려야 했다.

원수같이 돌아오는 주말을 앞두고, 고기를 사러 간 대형마트에서 아줌마 E는 매부 C를 만났다. 웬 예쁘장한 처자와 이야기를 나누며 유기농 과일을 몇 개 사고 있었다. 매부 C는 아줌마 E를 보자 눈길을 피했다. 하지만 아줌마 E는 대뜸 매부 C의 손을 잡았다.

— 여보게, 잘 생각했네. 제발 장가 좀 가주게. 산 사람은 살아야지. 그럼, 산 사람은 살아야 하고말고.

아줌마 F

제사의 여왕

　　　　　　아줌마 F는 제사에서 손을 뗀 여자다. 아저씨 F의 어머니는 처음 인사를 드리러 간 아가씨 F에게 우리 집안은 왕가의 후손이라고 했다. 아저씨 F 집안의 족보를 믿는다면, 아저씨 F는 무슨 군 어떤 파의 몇 대 손이었다.

　아줌마 F는 결혼과 동시에 꼬질꼬질하게 때가 낀 스테인리스 제기 한 벌을 물려받았다. "이제부턴 니 꺼다." 아줌마 F의 시어머니 말투는 마치 왕관을 물려주는 여왕처럼 비장했다. 그로부터 30년 동안 아줌마 F는 제기를 닦고 길들이면서 한 해의 절기가 어떻게 지나가는지를 느꼈다.

　사람들은 일 년에 두 번 제사가 뭐가 어렵냐고 한다. 아줌마 F는 신정에는 신정을 치르는 남편 회사 손님들의 술상을 준비하고, 2월에는 구정 제사를 지내야 했다. 3월 초에는 남편의 조부 제사가 있다. 원래 3월 초에는 겨울 내내 안 죽으려고 용을 쓰다가 반짝하는 봄볕을 보고

32

긴장이 풀린 어르신들이 많이 가신다.

　5월에는 어버이날이라고 간단하게라도 잔칫상을 마련해야 하고, 6월에는 6.25에 행방불명된 남편의 삼촌들 제사를 지내야 했다. 만약 이 제사를 조금이라도 소홀하게 할라치면 시아버지의 불호령이 떨어졌다. 난리통에 형제 잃은 것도 서러운데 객귀라고 물밥도 못 얻어먹게 한다는 게 말이 되느냐고.

　음력 8월 대보름에는 추석이라고 큰 제사를 지내야 하고, 12월 연말에는 증조부 제사와 증조모 제사를 함께 지낸다. 연말에는 낙상으로 엉치뼈 부러진 어르신들이 많이들 돌아가신다. 그렇게 아줌마 F는 제사의 달인이 되었다.

　30년을 같이 제사를 지냈어도 아저씨 F는 모르고, 아줌마 F만 아는 제사의 준비 기간이라는 것이 있다. 제사를 한 번 지내기 위해서는 일찍부터 준비 기간이 필요한 것이다. 제수 장은 네 번을 보는 것이 정석이다. 건어물을 사는 첫 번째 장은 일찍 봐야 싸게 살 수 있다. 과일을 사는 두 번째 장은 모양 좋은 배와 사과를 사는 장보기로, 이때 나가는 금액은 보통 때 과일 가격과 전혀 다르다. 세 번째 장은 볶고 데칠 나물을 사는 것으로, 이틀 전에 봐둔다. 하루 전에 보는 마지막 장은 싱싱한 고기, 두부를 사기 위한 것이다.

　제사 한 번 지내는 데 준비해야 할 것은 먹을 것만이 아니다. 흰 봉투에 빳빳한 신권도 준비해 놔야 나중에 뒷말이 없다. 올망졸망한 어린 것들이 어른들에게 달라붙어 용돈을 달라고 하는데, 그 배후에는 곧 그들의 돈을 '맡아 줄' 동서들이 있다는 것을 아줌마 F는 알고 있었다. 한 집에서 20만 원씩만 가져가도 차비가 빠지는 남는 장사였다.

네 번 장을 봐서 한 상을 만들어 놓으면, 슬금슬금 바퀴벌레 같은 친척들이 모여든다. 길 막힌다고 불평하는 놈, 이 집 아들딸들은 왜 이렇게 시집 장가 안 가느냐고 호통 치는 놈, 용돈 달라고 매달리는 놈, 취직시켜 달라고 편지 써온 놈, 보증 서달라고 집문서 찾는 놈, 정신없이 쿵쿵 뛰어 소파 침대 스프링 전부 아작 내는 놈, 놀다가 맞았다고 우는 놈, 게임하는 놈, 고스톱 치는 놈, 술 먹고 깽판 치는 놈, 집안 분란 일으킬 말 퍼뜨리는 놈이 모두 모였다. 그렇게 집안이 사람들로 가득해지면, 시부모님과 아저씨 F는 흐뭇하게 미소를 지었다. "사람 사는 게 이래야지. 이제야 사람 사는 집 같네."

아줌마 F가 제사를 준비하는 정성은 30년 동안 한결같았다. 게다가 기술은 날로 늘어갔다. 그런데도 아줌마 F가 오십 줄에 들어서자 손님은 줄어들고 제수 음식은 남아돌았다. 마침내 이번 한가위에는 단 한 명의 손님도 오지 않는 차례를 처음으로 맞게 되었다.

상을 펼 남자도, 설거지를 할 여자도, 용돈 달라고 부대끼는 아이놈들도 없었다. 귀신 들어오라고 열어 놓은 문에는 아무 산 사람도 들어오지 않았다. 아저씨 F는 혹시라도 누구 안 오나 싶어 연신 대문을 들락거리며 담배를 뻑뻑 피워댔다. 아들과 단둘이 조상님께 절하는 아저씨 F의 궁둥이가 쓸쓸해 보였다.

아줌마 F는 전화통을 붙들고 시집간 딸에게 호소했다.

— 야야, 도대체 이게 무슨 조화라냐? 니 아버지 지금 술 취해서 울고 삐졌다. 작년만 해도 열 명은 왔는데, 집안이 망하려니까 제사손이 없는 거냐?

시집 간 딸은 단도직입적으로 말했다.

— 집안이 망하려고 손님이 없는 게 아니라 올해 아빠가 퇴직해서 손님이 없는 거야. 이제 아빠 퇴직했는데 누가 보증서고 취직을 시켜줘. 그 사람들 이제 우리집보다 훨씬 잘 살아. 엮여봤자 지들이 손해라고 생각하는 거지. 오히려 잘 됐어. 이제 엄마 며느리한테는 그 지랄굿 안 물려줘도 되잖아. 이제 명절에는 동해로 바다나 보러 갑시다.

아줌마 G   # 달리는 여자

　　　　　　　　아줌마 G는 10년 동안 달리기를 한 여자다. 아줌마 G가 30대 초반에 기자를 그만두고 미국으로 저널리즘 박사를 하러 간다고 했을 때, 아줌마 G의 동기들은 너 나 할 것 없이 아줌마 G를 부러워했다. 그렇게 치러진 아줌마 G의 환송회는, 한마디로 가관이었다.
　평소에는 책 한 번 들춰 보지 않고 술에 빠져 살다가 "봉양해야 할 노부모만 없었으면 나도 공부 더 하고 싶은데"라고 지껄이는 놈, "너와 내가 누가 더 큰 세상을 보나 내기하자"고 술주정하는 놈, 마누라가 남편 떼놓고 미국 가면 한국 남자가 오입질 안 할 것 같으냐고 협박하는 왕언니. 하지만 입학허가서 한 장에 가슴이 풍선처럼 부푼 아줌마 G에게 그런 말들은 시기가 아니라 찬양으로 들릴 뿐이었다.
　그런 와중에 조용히 웃고만 있는 아줌마 E가 좀 거슬렸다. 아줌마 G는 술기운을 빌려 아줌마 E에게 해서는 안 될 말을 했다.
　"넌 앞으로 뭐하고 살려고 그러니? 사람이 비전이 있어야 하잖아."

대기자(大記者) 될 거야? 국장 되려고? 선배들 중에서 아래 기수 남자 후배들이 먼저 승진하면 사표 안내는 사람이 없는 거 알지?" "응……, 난 그냥 돈이나 벌려고." 아줌마 E는 덤덤하게 대답했다. "그 월급에 돈을 벌어? 글쎄다" 하고 아줌마 G는 물러났다.

그 후로 10년 동안 아줌마 G는 달렸다. 석사하고, 박사하고, 그 와중에 한국에 있던 교열 기자 남편이 자기도 문헌정보학으로 박사를 하고 싶다고 해서 같은 주의 석박사 과정에 들어오는 것까지 도와줬다. 미국 땅에 남편과 단둘이 있으니 의가 좋아져서, 늦게나마 애를 낳고 또 기르느라 2년을 쉬었다. 그렇게 해서 남편 박사 마치고, 자기 박사 마치니 10년이 흘러있었다.

문헌정보학 쪽은 조교 자리도 드물어서 한국에서 모아 놓은 돈을 헐어 쓸 수밖에 없었다. 남편이 살던 전셋집 돈을 곶감 빼먹듯 빼썼다. 늘 빡빡하게 생활을 하는데도 통장 잔고는 팍팍 줄어들었다. 드디어 은행 잔고가 4백 달러가 되던 날, 아줌마 G는 한 조그마한 주립대에 자리를 잡았다. 남편 역시 지역의 한 도서관에 사서로 취직을 했다.

고생 끝에 낙이 온다고, 이제는 아줌마 G도 남들처럼 집도 꾸미고 웨지우드 찻잔에 '오후의 홍차'도 마셔 보고 싶었다. '사진이라도 좀 찍어서 나도 싸이월드란 것에 업데이트 좀 해 보자' 하고 주변을 둘러봤다. 그런데 카메라에 잡힌 아줌마 G의 살림살이는 10년 전하고 똑같았다. 프레임 없는 매트리스, 개당 3달러짜리 코렐 접시, 여기저기서 주워온 싸구려 가구와 남들에게 얻어온 옷가지들.

그제야 아줌마 G는 자기 나이를 생각했다. 마흔을 넘긴 나이, 자기 집 없음, 통장에는 단돈 4백 달러. 그때부터 아줌마 G는 향후 20년 간 어떻게 하면 자식에게 신세지지 않고 노후를 대비할까, 뒤늦게 낳은 아들을 어떻게 대학까지 보낼까를 열심히 고민했다. 그렇게도 비웃던 신문의 재테크 기사를 뒤지자, 노후대책만으로도 10억은 있어야 한다 아니다 20억은 있어야 한다는 기사가 즐비했다. 대충 계산해도 아줌마 G 부부가 한 달에 4백만 원씩 20년을 모아야 겨우 10억을 모을 수 있었다. 아득한 금액이었다.

시댁과 친정에서는 그런 속사정도 모르고 부부가 쌍으로 박사가 되었는데 한국에는 언제 오느냐고 난리였다. 아줌마 G 부부는 비단옷은 아니었지만 급하게 산 폴로(Polo)셔츠나마 떨쳐입고 서울에 왔다.

아줌마 G는 오랜만에 한국에 온 김에 광화문에 들러 한국 책 구경을 했다. 그리고 신문사가 즐비한 그 거리에서 아줌마 E를 만났다.

— 어머, 이게 얼마만이야. 그동안 어떻게 살았어?

— 어, 난 박사 마치고 교수 됐지.

아줌마 G는 10년 동안 하고 싶어 근질거리던 말을 뱉어냈다.

"그래, 너무 잘됐다." 하지만 아줌마 E는 전혀 놀란 것 같지 않았다. 아줌마 G가 물었다. "넌 어떻게 살았어?" 아줌마 E는 웃었다. "그냥 돈 벌었지 뭐……" 아줌마 G는 다시 한 번 돌이킬 수 없는 말을 했다. "먹고는 살아? 요새 신문 보니까 한국은 노후대책이 그렇게 심각한 문제라던데. 직장에서 언제 잘릴지도 모른다고 하고 말이야."

아줌마 E가 이번에는 아예 소리를 내서 웃었다.

— 얘, 난 이제 아파트가 몇 채 돼. 대출 받아서 재개발 지역에 집 사고 팔고 몇 번 하다 보니까 그렇게 되더라. 우리는 요새 남편이 번 걸로 생활하고 난 이자 갚으려고 회사 다녀. 물론 아직 목표 금액에는 한참 모자라기는 하지만 그래도 시가로 치면 이것저것 합쳐서 한 20억은 될 걸?

아줌마 G는 표정 관리를 할 수 없었다. "어, 그래 너무 잘됐다. 나중에 연락해. 미국 오면 재워 줄게." 두 사람은 연락처도 주고받지 않고 헤어졌다.

아줌마 G는 10년 동안 달리기를 한 여자다. 동기들과도 아니고, 박사 학위와도 아니고, 한국의 아파트 값과 달리기를 했다.

아줌마 H

게이와 결혼한 여자

아줌마 H는 도로시*다. 학생운동이 쇠해가던 90년대 초중반 무렵, 아줌마 H는 게이 무브먼트(gay movement)로 활동 방향을 바꿨다. 아줌마 H가 레즈비언이었던 것은 아니었다. 학생운동의 전망은 안보이고, 언더티(under table)**는 깨지고, 남아있는 사람들은 운동권 PD가 아니라 방송사 PD가 되고 있었다. 지방 출신 동기들은 고향에 내려가 군수가 되겠다며 야심을 불태우고, 돈 좀 있는 집안 자식들은 미국으로 유학을 갔다.

새로 들어오는 후배들은 운동권이었던 아줌마 H에게 이렇게 말했다. "세기 말에 중요한 것이 섹스하고 돈밖에 더 있겠어요? 옳고 그른 것이 중요한 시대는 끝났어요. 좋고 싫은 것이 중요한 시대라고요." 이럴 때 한 선배가 아줌마 H에게 이야기해 준 것이 바로 게이 무브먼트였다. "한국은 아직 촌스러워서 잘 모르는데 외국에는 이런 것이 있어."

기본 교재를 읽고, 토론을 하고, 발제를 하면서 아줌마 H는 게이 무

---

*도로시는 영화 〈오즈의 마법사〉의 주인공으로 게이 남성들과 친한 여성을 지칭하기도 한다.
**1980, 90년대 대학생들이 은밀하게 꾸렸던 사회과학 공부 모임을 지칭하는 말

브먼트에 관해서라면 어디에서든 지식인답게 이야기를 할 수가 있는 도로시가 되었다. 이런저런 사회과학 잡지에 페미니즘과 게이 무브먼트를 연결시킨 글을 싣고, 나름 글발 있는 20대 문필가로 이름을 날렸다. 새로운 모순, 새로운 투쟁, 새로운 상징, 온갖 새로운 것들뿐이었다.

석사하러 대학원 다니랴, 게이 운동하랴, 바쁜 20대를 보내고 있던 아줌마 H가 아저씨 H를 만난 것은 게이 운동 기금을 모으기 위해 주최한 일일 게이 카페에서였다. 아저씨 H는 잘생겼고, 키가 크며, 언변이 좋고, 교양이 풍부했다. 게다가 부잣집 아들이기까지 했다. 단 한 가지 조그만 흠이 있다면 아저씨 H가 여자보다 남자를 더 좋아하는 사람이라는 것뿐이었다.

아저씨 H는 게이 남자 친구에게 호되게 차이고 성적 지향을 바꾸기로 결심을 했노라며, 아줌마 H와 보란 듯이 연애를 하기 시작했다. 아줌마 H와 아저씨 H는 폭풍처럼 연애하고 질풍처럼 결혼했다. 그리고 두 사람은 함께 오즈의 나라로 유학을 떠났다. 아저씨 H의 집안에서는 내놓은 자식이었던 아들이 결혼한다지, 공부한다지, 쌍수를 들어 환영했다.

아줌마 H와 아저씨 H는 밤생활도 알차게 잘했다, 라고 아줌마 H는 생각했었다. 아줌마 H는 경제학을, 아저씨 H는 뒤늦게 알튀세르*를 공부하며 우아하게 학창시절을 즐겼다, 라고 아줌마 H는 생각했었다. 하지만 결혼 3년 후 아저씨 H가 "나, 아무리 생각해도 게이 맞는 것 같아"라는 선언을 했을 때, 아줌마 H는 비로소 '그게 아니었나 보다'라

---

* 프랑스의 마르크스주의 철학자. 저서로는 《자본론을 읽고》, 《마르크스를 위하여》 등이 있다.

고 생각할 뿐이었다.

　아저씨 H는 "게이에 대한 사회적 시선 때문에 결혼을 선택해야 했던 내 인생이 슬프다"며 새로 생긴 게이 애인과 열심히 놀러 다녔다. 우아하고 교양 있는 진보적인 대화는 이제 아줌마 H와 아저씨 H의 것이 아니라, 아저씨 H와 동성 애인의 것이었다. 아저씨 H와 애인은 뉴욕의 가장 트렌디(trendy)하고 시크(chic)한 곳에 가서, 가장 힙(hip)하고 핫(hot)하며 쿨(cool)하게 놀았다.

　아저씨 H가 게이 애인과 신나게 슬픈 인생을 음미하고 있을 때, 아줌마 H는 멈추지 않고 공부를 계속해 박사를 마쳤다. 그리고 아줌마 H는 아저씨 H를 오즈에 남겨두고 캔자스로 돌아왔다. 한국의 작은 연구소에 자리를 잡아서.

　아줌마 H는 아저씨 H와 이혼하지 않았다. 심지어 두 사람은 꽤 사이가 좋은 부부다. 두 사람은 서로의 고민을 국제 전화로 털어 놓으며, 서로의 고민을 들어 주고 상담해 준다. 아줌마 H는 재정적으로 든든하고 밥 차려 줄 필요도 없는 친절한 남편과 뭐하러 헤어지냐며, 우리가 다른 기러기 부부들과 다를 것이 뭐가 있느냐고 웃는다. 또 한국 사회에서 이혼녀로 산다는 것이 얼마나 고단한 일인지 아느냐면서 물 건너 있는 게이 남편이라도 없는 것보다는 있는 것이 낫다고 한다. 사람들은 청춘을 바쳐 게이 한 명을 자유롭게 했으니 진정한 게이 운동가라고, 참새처럼 재잘재잘 입방아를 찧는다.

길에서 만난 이야기 2

허묘

— 밟아라. 더 밟아.
 어머니의 목소리는 단호했다. 학교에서 공부하고 있는 종손에게 강의 땡땡이를 치게 하고 시키는 일이 기껏 운전사 노릇이다. 선산에 큰일이 터졌으니 한시 바삐 가봐야 한다는 것이었다. 아버지하고 가시지 왜 나냐고 했더니, 돌아오는 것은 닥치란 말이었다.
 — 넌 모르면 가만있어라. 네 아버지가 끼면 꼬인다. 네가 안 가면 아무 것도 안 돼.
 어머니의 눈은 사람이라도 하나 잡아먹을 듯 형형했다. 우리집 선산은 사실 선조로부터 물려받은 선산이 아니다. 내 아버지가 할아버지께 환갑 선물로 사드린 애물단지다. 지금은 돌아가시고 없는 할아버지는, 그 선물을 받고 너무나 기뻐하셨다. 그때부터 아버지는 선산에 매년 한 가지씩 공사를 해야 했다. 우리집 살림에는 버거운 대공사였다. 첫해는 후손들이 절할 자리를 정돈하라고 하셨다. 다음해에는 성묘 오는 길을 닦으라고 하셨다. 그 다음해에는 석물을 추가하고, 그 다다음 해에는 드디어 허묘를 쓰셨다.

 묏자리는 산 정상의 기세가 뒷등으로 흘러오면서도 습한 곤충이나 독한 나무가 없는 곳이었다. 이런 곳은 관 끝만 틀어져도 제대로 기운을 받을 수 없다며, 할아버지는 후손들이 혹시라도 향(방향)을 잘못 쓸까봐 허묘를 쓰셨다.

 문제는 할아버지의 형제들이었다. 이 산은 종손인 할아버지, 아버지, 그리고 나와 내 아들이 묻히기 위해 아버지가 산 땅이었다. 그런데 종조부님들이 이 땅에 끼어들지 못해 안달인 것이다. 서울에 있는 본가 자손들이 '어어' 하는 사이에, 둘째 종조부님이 잽싸게 허묘를 썼다. 당신이 죽기도 전에 자기 머리칼을 넣고 봉분을 만들었다. 여긴 내 자리다, 하고 침을 퉤 뱉은 것이다. 선산에 풍수가 좋은 자리는 그리 많지 않았다.

 둘째 종조부님은 할아버지와 워낙 사이가 좋았으니 봐드린다고 치고, 셋째 넷째 종조부님과 종조모님들이 이 산에 묘를 쓰지 못하게 하는 것이 어머니의 과업이었다. 몇 개 남지 않았다는 명당을 지켜내야 내가 발복한다고 했다. 명당을 지키기 위해서인지 어머니도 허묘를 썼다. 양지바른 자리였다. 작지만 아늑하고 느낌이 좋은 터였다.

 산 하나를 둘러싸고 끈질기게 덤벼드는 종조부들과 종조모들도 징그러웠지만, 나의 출세를 위해 허묘까지 쓴 어머니도 징그러웠다. "전 그냥 화장 할게요. 그분들이 자리 다 차지하라 그러세요." 나는 심드렁하게 말했다. 그러나 어머니는 종손으로서의 내 지위에 도전하는 어떤 것도 용납하지 않았다. 딸 셋을 낳고 마지막으로 본 고명 아들이라서 더 그런 모양이었다.

명절 날 사촌들과 섞여서 밥을 먹을 때에도 나는 반드시 은수저로 밥을 먹었다. 종조부들도 내가 한마디를 하면 더는 말을 하지 못하고 수그러지는 것이 보였다. 아마 그래서 오늘도 내가 차출된 것일 테다. 얼마 전부터 셋째 종조부님이 폐가 안 좋으시다더니, 아무래도 오늘 종숙부가 허묘를 쓸 모양이었다. 첩보가 바로 온 것을 보니 평소에 산지기에게 벌초값을 넉넉히 준 보람이 있었다.

선산에 도착해 보니 어머니가 허묘를 쓴 자리에 조그만 굴삭기가 꽹꽹 소리를 내고 있었다. 종숙부가 불러온 굴삭기였다. 이미 상당히 흙이 파헤쳐졌고 아래에는 관까지 보였다. '아이고, 우리 어머니. 언제 관도 넣으셨는감.'

— 지금 뭐하는 짓이에요? 여긴 우리 땅이에요!

어머니가 쇳소리를 냈다. 종숙부가 바로 받았다.

— 먼저 죽는 사람이 임자지 묏자리에 주인이 어디 있소? 마음을 곱게 안 쓰면 명당이 흉당 되지.

— 흉당이고 명당이고 비켜요. 어디 남의 묏자리에 죽지도 않은 사람 허묘를 쓰려고 그래?

— 허묘는 누가 먼저 한 것인데…….

종숙부가 어머니를 밀치고 관 뚜껑을 열었다. 그런데 거기에 웬 조그만 저고리 네 개가 들어 있었다. 종숙부가 흠칫 놀라 중얼거렸다.

— 이게 뭔가. 오징어인가?

흰 배냇저고리 사이에서 말라붙은 뭔가가 떨어졌다. 어머니는 얼굴이 시뻘겋게 되어 종숙부에게 덤벼들었다.

— 이놈이, 당장 그 손 놓지 못해! 이놈이 남의 묘도 못 알아보고. 아가, 아가, 아가, 불쌍한 내 아가. 늙은 놈이 죽은 애 잡네.

나는 황급히 종숙부를 어머니로부터 떼어 놓았다. 어머니는 반 혼절 상태로 눈물을 쏟으며 저고리에서 떨어진 조각들을 주워 모으고 있었다. 나는 굴삭기 운전기사에게 현금을 넉넉히 주어 돌려보내고, 어안이 벙벙한 종숙부네 식구들더러 오늘은 때가 아닌 것 같으니 나중에 모여 좋게 좋게 합의를 보자고 했다. 종숙부네 식구들이 떠나자 어머니는 정신을 좀 수습하신 듯 했다.

— 그래, 다들 갔냐? 거기 삽 있으면 얘들 좀 묻자.

나는 삽을 들어 관 위를 흙으로 다시 덮었다. 굴삭기로 파헤친 것을 손으로 메우려니 죽을 맛이었다. 나는 부어터진 얼굴로 어머니에게 물었다.

— 어머니, 도대체 뭐예요 그게?

— 내가 긁은 애들이다, 이놈아. 죽어서라도 보듬어 주려고 묻어 놨더니, 엄한 놈이 여기까지 치고 들어와?

아줌마 I   # 밥하는 여자

    아줌마 I는 밥하는 여자다. 남편인 아저씨 I가 어느 토요일 이런 말을 한 뒤로는 정말로 밥하는 '아줌마'가 되었다.
    — 아줌마, 우리 올 때 맞춰 밥 좀 해 놔요.
    낚시가 취미인 남편이 친구들과 바다낚시를 가면서 아줌마 I에게 무심코 던진 말이었다. 남편의 친구들은 어떻게 마누라랑 밥집 아줌마도 구분 못하냐고 타박을 했다. 그러나 남편의 친구들도 아줌마 I와 밥집 아줌마를 그렇게 잘 구분하는 것 같지는 않았다.
    남편과 남편의 친구들 외에도 아줌마 I에게는 밥을 해 줘야 할 사람이 더 있었다. 바로 이복동생이었다. 비록 어머니는 달랐지만 아줌마 I는 열두 살 차이 나는 남동생을 귀여워했다. 남동생에게는 아줌마 I에게는 없는 셈속 빠른 머리와 냉정한 눈빛이 있었다.
    아줌마 I는 남동생이 대학을 졸업하고 사법고시에 붙을 때까지 열심히 밥을 해주었다. 매 끼니 기름진 반찬을 만들고, 속이 안 좋다고 하면 죽을 쒀 주고, 몸이 허하다고 하면 몸에 좋다는 것들을 고았다. 그렇게 밥을 해준 동생이 연수원에 들어가자, 동생 앞으로 장안의 좋다는 집안의 선자리가 밀려들었다.

'네깟 게 머리가 좋으면 얼마나 좋으냐? 평생 우리집 집사 겸 법률 자문으로 사는 게지.' 부잣집에서 곱게 자란 아가씨들이 남동생을 아래위로 훑어보았다. 눈치가 빠른 동생은 척 봐서 아니꼬운 자리는 집어치우고, 이리저리 머리를 굴려, 처가가 부유하면서도 돈 있는 유세를 하지 않을 집안으로 골라서 장가를 갔다.

하지만 골라서 장가를 든 집안의 아가씨라고 다른 부잣집 아가씨들과 다를 것은 없었다. 부잣집 딸로 자란 아줌마 I의 올케는, 동전도 살펴봐서 더러우면 길에 버리고 안 쓰는 여자였다. 밥 지을 쌀을 물에 씻는 것인지 세제에 씻는 것인지도 모르니, 남동생에게 밥이라고 생겨먹은 걸 지어준 적이 없었다. 남동생은 장가를 들고 애를 낳고서도 아줌마 I 집에 와서 밥을 먹었다.

아줌마 I의 올케는 구슬 같은 아들을 연년생으로 낳더니, 제왕절개로 셋째를 낳다가 마취 사고로 죽었다. 그때쯤 잘나가는 변호사가 되어 있던 남동생 I는 돈을 갈퀴로 긁는다고 했다. 그러나 돈이 산만큼 있다고 한들 아직 꼬물꼬물한 어린 것들이 나무처럼 저절로 커줄 리 만무했다.

아줌마 I는 남동생의 집에 아예 들어가서 살림을 해주며 애를 키워주기 시작했다. 아줌마의 남편은 처남의 운전기사 노릇도 해주고 정원

일도 했다. 사람들은 아줌마 I가 속이 없어서 그렇게 산다고 했다.

제대로 걷지도 못하는 애들이 제 발로 일어서 앞가림을 하고, 학교를 다니고, 마침내 유럽 어디에 있다는 기숙학교에 들어가자 남동생은 아줌마 I에게 5층짜리 건물 양도증 한 장을 내밀었다.

— 누님, 받아 두시오.

— 야……, 너 이거 뭐냐? 내 얼굴 다시 볼 거면 집어넣고, 안 볼 거면 놓고 가라.

내가 널 먹여준 거지 니가 돈 주고 날 산 건 아니라는, 밥집 아줌마의 자존심이었다. 남동생은 양도증을 도로 집어넣고, 아줌마 I네 식구들을 위해 조그만 집 한 채를 마련해 주었다. 얼마 후 남동생이 오래 사귀던 여자와 결혼했다는 소식이 들려왔다. 아줌마 I에게 청첩장은 없었다.

사람들은 아줌마 I에게, 이복동생에게 이용만 당하고 산 거 아니냐고 했다. 하지만 아줌마 I는 동생이 너무 바빠서 그렇다고 했다. 남동생이 술을 과하게 먹고 아줌마 I네 문을 쾅쾅 두드린 것은 그로부터 몇 달이 지나지 않아서였다.

— 누나, 밥 좀 줘요. 나 요새 밥 구경도 못해 봤네.

이복동생은 눈시울이 시뻘게져서 오밤중에 아줌마 I를 찾아왔다. 고봉밥을 비우고서야 이복동생은 말했다. 새 여자라고 다를 것도 없고, 돈 쓸 궁리만 하느라 바쁘더라고. 세 끼 사먹는 밥으로 때운 지 벌써 오래되었다고 했다. 아줌마 I의 남편과 이복동생은 밤새 술잔을 기울였다.
 이복동생은 아직도 주말만 되면 아줌마 I네에 북엇국 얻어먹으러 온다. 고대광실 마다하고 개다리소반에 막걸리 마시러 온다.

아줌마 J

풍금을 부순 자리

아줌마 J는 소설이 싫은 아줌마다. 하지만 아줌마 J의 남편인 아저씨 J는 아줌마 J와는 반대로 소설을 사랑한다. 만년 문학청년이다. 아저씨 J는 부잣집 아들로, 80년대에 대학을 다니고 졸업하자마자 과커플이었던 아줌마 J와 결혼해 유학을 떠났다. 아저씨 J의 부모님은 아저씨 J에게 미국 가서 애도 낳고 골프도 치며 놀아가며 공부를 하라고 했다. 박사를 받아오면 친척이 운영하는 사립대에 넣어주고, 석사를 받아오면 학원 원장을 시켜준다고 했다.

하지만 아저씨 J는 골치 아픈 영어 원서에 진저리를 치더니, 한국에서 출간된 소설책에 재미를 붙였다. 하일지, 박일문, 신경숙, 은희경, 김형경, 무라카미 하루키, 무라카미 류, 요시모토 바나나, 시마다 마사히코……. 그중에서도 아저씨 J가 가장 사랑한 작가는 무라카미 하루키였다. 캔 맥주, 미국 생활, 30대 중반에도 판판한 아랫배. 그건 아저씨 J가 꿈꾸는 라이프스타일이었다.

《국경의 남쪽, 태양의 서쪽》을 읽고 너무너무 감명을 받아버린 아저씨 J는 입술이 검붉은 같은 과 노처녀와 연애를 시작했다. 두 집 살림이었다. 학교를 중심으로 동쪽에는 아줌마 J와의 살림집을 두고, 서쪽에는 노처녀 L과의 집을 두었다. 그렇게 아저씨 J는 두 집을 오가며 알찬 생활을 즐겼다.

뱃속의 둘째가 넉 달이 되도록 아줌마 J는 아저씨 J가 두 집 살림을 한다는 것을 몰랐다. 상상조차 할 수 없는 일이었다. 하지만 같은 교회에 다니던 간사 아줌마가 아줌마 J에게 "남편은 요즘 집에 잘 들어와?"라고 조심스럽게 말을 건넸을 때, 아줌마 J는 모든 것을 눈치 챘다. 공부에는 별로 관심이 없던 아저씨 J가 매일 밤늦게까지 연구실에서 일하다 들어오는 것을 대견하게 생각했던 터였다.

아줌마 J는 교회 목사님과 사모님의 도움을 빌리기로 했다. 노처녀 L은 아줌마 J와 같은 교회에 다니는 교인이었다. 목사님, 사모님, 노처녀 L, 아줌마 J, 아저씨 J가 모인 자리에서 아저씨 J는 이렇게 말했다.

— 예수님도 서로 사랑하라고 하셨잖아요. 사랑이 죄인가요?

당황한 목사님이 그 사랑이 이 사랑이 아니라고 얼굴이 벌개져서 설명을 해도 아저씨 J는 초지일관이었다.

— 둘째까지 임신하고 있는 아내를 버릴 생각은 추호도 없습니다. 하지만 L과 나는 잘못된 별자리 아래서 태어난 불운한 연인(star-crossed lover)이에요. 어차피 우리는 운명적으로 헤어지게 되어 있죠. 아내는 나를 평생 가질 수 있겠지만 L이 날 가질 수 있는 시간은 단 몇

년뿐이에요. 그런데 그것조차 이해해 주지 못한다면 그건 너무 잔인한 일 아닌가요?'

아저씨 J가 이런 말을 하는 동안, 노처녀 L은 눈물을 흘리며 기도문을 외우고 있었다.

'몇 년뿐'이라는 아저씨 J와 노처녀 L의 연애는 유학생활 10년을 채웠다. 아줌마 J는 강산이 변할 그 시간 동안 빵빵한 시댁의 '송금'을 받아 살아가는 죄로 두 집 살림을 참아냈다. 몇 번이나 이혼을 생각하기도 했지만 그럴 수는 없었다. 아줌마 J의 둘째 딸이 주의력결핍 과잉행동장애(ADHD)였기 때문이다. 둘째 딸에게는 약물치료와 놀이치료가 필요했다. 그리고 그 비용은 아줌마 J가 도저히 혼자 감당할 수 없는 수준이었다.

노처녀 L은 간혹 아줌마 J의 첫째 딸이 다니는 학교 앞에 도시락을 싸갖고 와서 서성였다. 그리고 노처녀 L을 알아보는 아줌마 J의 첫째 딸에게 "나처럼…… 나처럼 살지 마" 같은 말을 건네고는 휙 돌아서곤 했다. 신경숙의 《풍금이 있던 자리》가 노처녀 L의 바이블이었다.

아저씨 J가 나이 마흔이 되자 아저씨 J의 부모님은 "박사를 못 땄더라도 이제는 가업을 익혀야 하지 않겠느냐"며 아저씨 J를 불렀다. 그렇게 10년 만에 돌아온 한국은 아저씨 J에게 별천지였다. 서울 거리에는 날씬하고 젊은 여자들이 넘쳐났다. 게다가 미국에서 공부하고 온 어느 재단의 이사님이라니까 띠동갑을 훌쩍 넘는 젊은 여자들도 아저씨 J에게 미소를 날렸다. 아저씨 J는 운명의 스타 크로스드 러버에게 이런 통보를 했다.

　— 우리가 예전에는 서로에게 100퍼센트였는지도 몰라. 하지만 어느새 서로가 누구였는지조차 잊어버린 것 같아. 그동안 나를 지켜준 와이프에게도 인간적으로 미안해.

아줌마 J는 한밤중에 술에 취한 노처녀 L의 전화를 받았다.

　— J 언니, 그 사람이 전화를 안 받아요. 십 년 사랑했는데 이렇게 끝나다니……. 부숴버리고 싶어요. 언니, 어떻게 사랑이 변해요?

아줌마 J는 한숨을 쉬며 전화를 끊었다. '그래, 너도 끝까지 여주인공은 아니었나보다.' 노처녀 L에게 차마 뱉어주지 못한 말이었다. 아줌마 J는 딸들에게 소설 읽지 말라고 한다. 그 시간에 차라리 수학 문제를 하나 더 풀거나 요리책을 보라고 한다.

아줌마 K

딸딸이 엄마

아줌마 K는 '어쩌다 보니' 딸 둘을 둔 여자다. 아줌마 K는 결혼 3년 만에 딸 하나를 겨우 낳고 임신을 하지 못했다. 아줌마 K의 시부모는 수군수군 뭔가를 꾸미는 듯 하더니 아저씨 K에게 첩을 얻어 주었다. 하지만 첩은 아들이 아닌 딸을 낳았다. 아저씨 K의 첩은 자신이 낳은 딸을 아줌마 K에게 맡기고 다른 남자에게 시집을 가 버렸다.

아줌마 K의 사정을 아는 사람들은 아줌마 K에게 "그래도 하늘이 무심하지 않네. 그년이 아들이 아니라 딸을 낳았으니"라고 말했지만, 첩이 딸을 낳는 바람에 자기 속으로 낳지도 않은 아이를 키운다는 것도 사실 쉬운 일이 아니었다.

아줌마 K는 동네 사람들에게는 첩이 낳은 딸을 입양한 딸이라고 거짓말을 하고, 어린 것이 무슨 죄가 있나 생각하며 첩이 나은 자식을 작은 딸로 생각하며 정성껏 키웠다. 큰딸은 무뚝뚝하지만 성실한 성격이었고, 작은딸은 애교가 많고 놀기를 좋아하는 아이였다.

큰딸은 일찍부터 제 앞가림을 잘했다. 특별히 신경을 써 주지 않아도 알아서 대입을 치르고, 학비가 싼 대학에 4년 내내 장학금을 받고 다녔다. 그리고 졸업 후 남들이 다 부러워하는 안정적인 공무원으로 자리를 잡았다. 그런데 어찌된 일인지 나이가 차도 결혼할 생각을 하지 않았다. 사귀는 사람 없냐고 물어보면 그저 이런 말이나 할뿐이었다.

— 엄마, 난 결혼이 싫어. 남자들이 못미더워요.

반면에 작은딸은 돈 드는 일만 골라서 했다. 공부에 취미가 없던 작은딸은 피아노를 쳤는데, 레슨비에 드레스 값에 연주회 비용까지 허리가 휘게 일을 해도 돈 들어갈 구멍이 계속 생겨났다. 그렇게 대학 공부까지 숨이 턱에 차게 시켜놨더니, 졸업을 하고는 유럽에 유학을 가야겠다고 했다.

아줌마 K는 작은딸의 학비를 대기 위해 파출부 일을 했다. 남편이 벌어오는 돈이 있었지만 그것만으로는 감당이 되지 않았다. 작은딸은 장장 5년에 걸쳐 돈을 먹어치울 만큼 먹어치우더니 돌연 귀국을 해서 시집을 가야겠다고 했다. 작은딸은 아줌마 K에게 폭 안기며 이렇게 말했다.

— 엄마, 나 지금 시집 못 가면 계속 못 갈지도 몰라. 언니처럼 노처녀로 늙는 꼴 보고 싶어? 나 지금 만나는 그 사람 정말 부잣집 아들이란 말이야.

작은딸은 아줌마 K에게 혼수로 1억을 해달라고 했다. 아줌마 K는 작은딸의 말에 기함을 했지만, 있는 돈 없는 돈 긁어모아 혼수 1억을 비슷하게 맞춰 주었다.

— 아니, 의붓어머니세요? 이런 것도 신경을 안 쓰고.

작은딸의 전세 아파트에 커튼이 빠졌다고 작은딸의 시어머니감이라는 여자는 아줌마 K에게 이렇게 말했다. 아줌마 K에게는 평생 잊을 수 없는 모진 말이었다.

— 난 블라인드가 있으면 커튼은 안 해도 되는 줄 알았어.

아줌마 K는 잔뜩 주눅이 들어서 작은딸에게 미안하다는 투로 속삭였다.

마침내 작은딸의 결혼식 당일이었다. 그런데 결혼식장에 마치 신부엄마인양 분홍색 한복을 곱게 차려 입은 한 여자가 나타났다.

— 얼마나 기쁘세요, 그래?

아줌마 K는 잠시 정신이 멍해져서 눈앞에 서있는 곱게 늙은 아줌마를 바라봤다. 어디서 봤는지 기억은 나지 않지만 어쩐지 자신의 작은딸과 이모저모 닮은 여자. 이 여자는 바로 28년 전의 그 첩이었다.

아줌마 K는 갑자기 어딘가 시집을 갔다는 첩의 행방을 자신이 알아본 적이 없다는 것이 생각났다. 그동안 남편이 한 달에 서너 번 꼴로 지방 출장을 갔던 것이 정말 출장을 갔던 것이 맞을까? 사업이 한참 자리를 잡은 후에도 남편의 수입이 별로 늘어나지 않았던 것이 정말 투자할 데가 너무 많아서 그랬던 것일까?

아줌마 K는 작은딸의 결혼식을 치르고 친구들과 강원도 여행을 떠났다. 3만 원을 내면 삼시 세끼를 먹여 주는 답사여행이었다. 아줌마 K는 관광버스 안에서 소주 한 병을 원샷하고 쓰러졌다. 가벼운 뇌졸중이었다. 병원에 길게 누워있는 아줌마 K를 큰딸은 닭똥 같은 눈물을 뚝뚝 흘리며 하염없이 주물렀다. 큰딸은 오래 전부터 동생이 입양한 동생이 아니라 배다른 동생이라는 사실을 알고 있었다고 했다.

정신을 차리고 다시 일상으로 돌아온 아줌마 K에게 시집간 작은딸은 엄마표 김치 좀 담가 달라고 가끔 찾아온다. 이런 이야기를 들으면 아줌마 K의 친구들은 "야야 그년, 지 엄마 찾아가라 그래" 하는데, 아줌마 K는 그럴 때마다 싫은 표정을 짓는다.

아줌마 L

연애하는 여자

　　　　　　　아줌마 L은 연애에 살고 연애에 죽는 여자다. 올해로 쉰 몇 살이 된 아줌마 L은, 남들이 인생을 몇 번 살아야 할 수 있을 만큼의 연애를 이미 해 보았다. 어릴 때부터 연애 박사였던 아줌마 L은 연애로 점철된 고등학교 시절을 보내고, 갓 스물에 열 살 연상의 남편과 결혼을 했다.

　남편은 인근 지역에서 큰 양조장을 하는 집안의 아들이었다. 아줌마 L의 시어머니감은 소문난 여걸로, 큰 양조장을 혼자서 척척 운영하며 아들을 키웠다고 했다. 아줌마 L의 아버지는 사윗감이 그 큰 양조장을 다 물려 받을 거라며 아줌마 L의 혼사를 우격다짐으로 밀어붙였다.

　부자 시집답게 혼수고 살림이고 신랑집에서 모든 것을 다 준비해 주었다. 아줌마 L과 고교시절을 함께 보낸 아줌마 L의 남자 친구 K는, 내 비록 김중배의 다이아몬드가 없어 너를 보내지만 우리가 함께한 날들을 잊지 말라며 혈서를 써 보냈다.

남편은 아줌마 L과 겨우 8년을 같이 살고 갑자기 죽었다. 아직 학교도 들어가지 않은 어린 딸 하나를 남겨 놓고. 사람이 이렇게 허무하게 갈 수도 있는 것이냐며 갓 스물여덟 먹은 아줌마 L은 망연자실했다. 그런데 시댁의 분위기는 묘하게도 차분했다. 원래 남자들이 일찍 죽는 집안이었다. 고혈압, 심장마비, 뇌졸중 등등으로 인한 돌연사가 이 집안의 내력이었다.

종손들이 하나같이 사십을 전후에서 유명을 달리하니, 아들을 낳으면 스무 살 내외에 장가를 들여서 서둘러 다음 손을 보게 하는 것이 이 집안의 전략이었다. 스무 살에 장가를 들이면 아들이 마흔이 될 때 손자는 스물이 된다. 그렇게 빨리 빨리 대를 이어 가문을 유지한다는 계산이었다.

근처에서는 명 짧은 집안으로 소문이 나서 웬만한 여자들은 시집오기를 꺼렸다. 그래서 서른이 될 때까지 노총각으로 남아 있던 아들을 위해 시어머니가 아줌마 L을 조금 먼 곳에서 비단보에 싸왔던 것이다. 아줌마 L이 딸을 낳았으니 시댁의 전략은 성공하지 못했고, 아줌마 L은 명 짧은 집안의 곳간 열쇠를 이어받지 못했다.

겨우 찻집 하나를 열 만한 돈을 받아들고 아줌마 L은 시댁을 떠났다. 그리고 지방 P시에서 찻집을 열고 하나뿐인 딸을 키우며 살았다. 20대 후반의 반짝반짝한 나이, 반반한 인물로 지방에서 찻집을 열었으니 남자 손님들이 언제나 넘쳐났다.

옛사랑 K가 어느덧 은행원 K가 되어 아줌마 L을 찾아온 것이 그때

쯤이었다. 은행원 K는 아줌마 L에게 결혼을 하자고 했으나, 이번에는 은행원 K네 집에서 기함을 하며 반대했다. 자존심에 상처를 입은 아줌마 L은 나도 너 싫다며 은행원 K를 걷어찼다. 그리고 K에게 내린 조처는 가혹했다. 은행원 K가 마음을 잡고 결혼을 할 만하면, 그때마다 은행으로 찾아가 K의 마음을 흔들어 놓은 것이다.

— K, 잘 지냈어? 나 보고 싶지 않았어?

그래서 은행원 K가 결혼을 약속한 아가씨와 헤어지고 다시 아줌마 L에게 돌아오면, 아줌마 L은 "너희 엄마가 반대하는데 어떡하니?" 하면서 K를 떠나갔다. K가 결혼할 만하면 찾아와서 마음을 흔들어 놓고, K와 관계가 깊어질 만하면 "어머, 안 되는데" 하고 훌쩍 떠나버리고.

결국 은행원 K의 어머니가 아줌마 L을 찾아와 "내가 잘못했으니 제발 내 아들 좀 놓아주소" 하고 나서야 아줌마 L은 그 관계를 끝냈다. 그때가 아줌마 L의 나이가 30대 중반을 넘길 무렵이었다. 아줌마 L은 30대를 그렇게 보냈다. 지나간 사랑을 고문하면서.

마흔을 넘으면서 아줌마 L은 과부댁 파워가 무엇인지를 깨달았다. 물론 과부댁이라는 이유로 가당치도 않은 것들이 추파를 던지며 괴롭게 하는 경우도 있었지만, 조금만 마음을 바꿔 여우같이 굴면 그런 남자들을 손아귀에 넣고 마음대로 주무를 수 있는 것이 과부댁이기도 했다.

살짝살짝 '나 과부요' 하고 흘려주면 은행 대출도 쉽게 받고 이런저런 좋은 정보도 얻어 들을 수 있었다. 아줌마 L은 그렇게 많은 유부남들과 유용한 친분을 많이 맺었는데, 세상 사람들은 그것을 '불륜'이라고 불렀다.

아줌마 L 인생의 마지막 연애는 아줌마 L이 나이 오십을 넘기고 찾아왔다. 아줌마 L보다 다섯 살 연하였던 건설회사 소장 아저씨 T였다. 아저씨 T는 아줌마 L이 현장에 찾아가면 비싼 밥도 사주고 고급차도 태워주었다. 사실 당연한 일이었다. 공사를 하다 보면 주변 식당에 외상값을 깔아 놓게 마련이고, 그런 외상값은 회사가 나중에 지불을 해주니 애인인 아줌마 L에게 기분을 내지 못할 이유가 없었다. 고급차 역시 회사 차였다.

어쨌든 아줌마 L과 아저씨 T는 지방 P시와 G시를 오가는 원거리 연애 끝에 마침내 살림을 합쳤다. 그런데 살림을 합치고 아저씨 T가 일을 그만뒀다. 그동안 원거리 연애가 너무 고달팠다며, 아줌마 L을 매일매일 한집에서 보고 싶다는 것이었다. 아줌마 L은 갑자기 이 관계가 확 재미없어졌다. 고급 음식 사주고 외제차로 드라이브 시켜주던 늙은 왕자님은 순식간에 사라지고, 밥 처먹고 똥 싸는 큰 개 한 마리가 별안간 안방을 차지한 꼴이었다.

— 야, 이 미친년아. 그러게 그 나이에 연애나 하지 혼인신고는 왜 하냐? 꿩 잡는 매 따로 있다더니 기껏 그런 백수건달하고 결혼하려고 이제껏 그 많은 남자들 마다했어? 너 죽으면 이제까지 찻집해서 모은 돈 다 그 남자에게 가는 거 알기나 해? 그럼 니 딸한테는 뭐 물려줄래? 너 얼굴 삭아서 찻집 마담도 오래 못해.

아줌마 L의 언니가 흥분해서 팔팔 뛰었다.

— 그 남자가…… 자기를 못 믿어서 혼인신고 안하는 거냐고 그러는데 어떻게 해.

아줌마 L이 풀죽은 목소리로 웅얼거렸다. 아줌마 L, 요새 증여 알아보고 다닌다. 새 남편 T를 피해 딸에게 미리 재산을 양도할 수 있는 방법이 없을까 해서다.

길에서 만난 이야기 3

다 가진 여자

이렇게 불러내서 미안해. 남편한테 좀 맞았어. 바로 비행기 타고 텍사스로 갈 거야. 아냐, 경찰 부르지 마. 내일 인천공항까지만 좀 태워줘. 오전 11시에 댈러스 가는 비행기가 있어. 사무실 서랍에 여권이랑 입학허가서 있으니 내일 아침에 그것만 챙겨서 떠날 거야.

무슨 일이냐고? 내가 바람을 폈어. 미친년이지. 남들도 그렇게 말해. 살림은 시어머니가 다 해주고, 남편은 돈 잘 벌어 오고, 시아버지는 무골호인에 며느리라면 꼼짝을 못하는데 뭐가 아쉬워서 바람을 피우냐고. 키는 180에 얼굴은 영화배우 김주혁 닮은 인물 좋은 남편……

그런데 키가 크면 뭐하고 인물이 훤하면 뭐하니? 발기가 안 돼. 한 번도 되지를 않아. 신혼여행 때는 결혼식 하느라 피곤해서, 신혼여행 다녀와서는 심리적 압박 때문에……. 하여간 핑계는 많아. 그런데도 왜 오 년이나 살았느냐고 물으면 할 말이 없네. 바빴어. 이혼할 시간도 없을 만큼 바빴어. 너도 알잖아. 컨설팅 회사 일이란 게 생리도 끊길 만큼 격무라는 거. 바빠서 법정 가기도 귀찮았어.

처음부터 신랑이 잡혀 살 것 같다고들 했지. 내가 기가 더 센 것 같다고. 그래서 그런지 시어머니가 너무 잘해주고, 시아버지도 내 말이라면 설설 기어. 남편도 바쁘고, 나도 바쁘고, 서로 남들에게 질세라 열심히 뛰다 보니 섹스를 안 해도 룸메이트처럼 살 수 있었어.

시부모님이랑 같이 살아서 힘들었던 건 아냐. 정말 시어머니가 속옷 빨래까지 다 해주었다니까. 고마운 건 나도 알아. 그래서 더 이혼을 못했지. 이혼 할까, 하고 말을 꺼낼 때마다 남편이 펄펄 뛰었어. 너랑 결혼하니까 우리 아버지가 좋아하신다, 똑똑하고 예쁜 며느리 얻어서 친구들 앞에서 기가 사신다고. 그런데 너랑 이혼하면 우리 아버지 팍삭 늙으신다. 남매처럼 살자, 어차피 너는 애를 그렇게 좋아하지도 않잖아.

들어 보면 다 맞는 이야기야. 시어머니에게 입은 은덕이 있기도 하고, 또 내가 딱히 자식을 원하는 것도 아니니까. 또 데이트라는 그 전쟁터로 다시 돌아가는 것도 피곤해. 서른이 넘으니까 그냥 밤에는 집에 가고 싶어. 밥 나오고 깨끗한 옷이 마련되는 내 집 침대에서 그냥 뒹굴뒹굴 하고 싶다고. 생각해 보니까 밤에 안 건드리는 남편이 고맙기도 했던 것 같아. 낮에 남자들한테 눌려 일하고 밤에까지 남자한테 깔리고 싶지 않았어.

그런데 몇 달 전 일이야. 클라이언트 대표로 온 어린 대리가 싹싹하게 굴더라. 너도 알다시피 클라이언트와 썸씽이 생기는 건 컨설턴트로서 자살행위야. 게다가 유부녀 꼬시는 남자가 무슨 별 볼 일이 있겠어. 누가 봐도 꽝이잖아. 잠깐 데리고 놀려고 그러는 거지.

그런데도 프로젝트 끝나면 더 볼 사이 아니니까 뭐 어때, 하고 걔가 던지는 장난을 그냥 받아 줬어. 그리고 프로젝트 끝났다고 클라이언트들과 회식하고 다들 흩어져 집으로 돌아가려는데, 밤 12시 반 무렵이라 택시가 잘 안 잡히는 거야. 그러면 그냥 콜택시 불러서 집에 들어가면 되는 건데, 내가 왜 이러니. 무심결에 이렇게 말했어.

— 우리 언제 자요?

어린 대리가 날 빤히 보더라. 그리고 "글쎄요?" 하더니 희게 웃어. 나한테 관심이 없었대. 그냥 원래 그렇게 두루두루 친한 척 하는 타입이라고, 오해하게 해서 미안하다고 해. 얼굴이 화끈거리는 게 문제가 아니야. 그냥 내가 무너져 내려가. 헛물켠 게 창피해서가 아니야. 내가 얼마나 그걸 간절히 원했는가 알게 되어서, 도저히 참을 수가 없었어.

그날 이후로 우리는 사귀는 사이가 되었어. 대리는 회사를 그만두고 텍사스에 공부를 하러 간다고, 나한테 이혼하고 따라오겠느냐고 했어. 나는 이혼을 하겠다고 결심이 선 것도 아닌데, 그 사람 학교 근처에 있는 학교로 지원을 하고 입학 허가까지 받고서는 하나마나한 고민들을 했어. 내가 이혼을 하면 얼마나 여러 사람 얼굴에 먹칠을 하는 걸까. 날 믿어준 사람들을 전부 배신하고……

그래도 나는 남편에게 이혼을 하자고 했어. 그러니까 남편이 대뜸 이렇게 묻더라.

— 남자 생겼냐?

— 응, 남자 생겼어.

그리고 맞았어. 머리도 깎이고 돈도 뺏겼어. 신용카드도 없고 휴대폰도 없어. 어떡하니? 내가 외우는 전화번호가 너밖에 없는데. 혹시 현금 있으면 나 좀 줘. 사무실에 있는 내 물건 다 줄게. 아이패드랑 몽블랑 만년필만 해도 백만 원은 넘어.

여자는 말을 멈추고 나를 쳐다보았다. 그녀는 희열에 들뜬 것 같았다. 살림 해주는 시어머니와 밤일이 필요 없는 남편, 그리고 근사한 직장까지 즐기다 마침내 연하의 애인을 챙겨서 떠나는 그녀가 내 눈에는 다 가진 여자로 보였다. 이것이 바로 내 애인을 뺏은 오랜 연적에게 돈까지 주면서 도와주는 이유다. 적어도 이제는, 내가 왜 그 남자와 도무지 자지 못했는지는 알 수 있게 되었다.

아줌마 M

한풀이 하는 여자

      과일가게 아줌마 M은 평생 가슴에 한을 품고 살았다. 누구에 대한 한인가 하면 십여 년 전 자기 며느리가 될 뻔했던 계집에 대한 한이다. 아줌마 M의 아들은 고등학교 때 전교 10등 안에서 왔다 갔다 하는 우등생이었다. 아줌마 M은 우등생 아들이 서울대에 안전하게 입학할 수 있도록 전심전력을 다해 정성을 바쳤다.
  아줌마 M의 극성은 일반적인 아줌마들과는 또 차원이 달랐다. 아줌마 M은 아들의 점심시간마다 과일가게에서 제일 좋은 과일을 갈아 아들 학교 교문 앞에서 기다렸다. 과일을 그냥 싸주면 친구들이 빼앗아 먹을까봐 그러는 것이었다. 아줌마 M은 아들의 영어 단어장도 손수 만들었다. 알파벳만 겨우 뗀 엄마가 꼬부랑글씨를 한 단어 한 단어 옮겨 적었으니 그 정성을 생각하며 반드시 외우란 뜻이었다.
  그런데 그렇게 고이고이 키운 아들이 K라는 여자 친구를 사귄다는 소문을 들었을 때, 아줌마 M은 날벼락을 맞은 심정이었다. 바짝 공부를 해야 하는 고3 때 여자 친구를 사귄다니. 아줌마 M은 독서실에서 공부를 하겠다며 늦게까지 들어오지 않는 아들을 미친 여자처럼 찾아 나섰다. 예상대로 아들은 독서실에 없었다. 아줌마 M은 밤새 눈 한 번 붙이지 않고 독서실에서 뜬 눈으로 아들을 기다렸다.

새벽녘이 되자 아들이 웬 계집애와 함께 음료수를 들고 들어왔다. 아들 옆에 있는 여자애는 제법 곱고 호리 낭창한 계집애였다. 아줌마 M은 눈을 희게 떴다. 시앗을 봤어도 그토록 얄밉지는 않았을 것이다. 그날부터 아줌마 M은 아들과 그 계집을 떼어 놓기 위해 별짓을 다해 보았다.

화를 내보기도 하고 눈물로 읍소작전을 하기도 했다. 하지만 고집불통인 아들은 야단을 치면 칠수록 엇나가기만 했다. 그리고 여우같은 계집애는 아줌마 M의 말을 귓등으로도 듣지 않았다. 결국 아들은 서울대를 낙방하고 지방대에 들어갔다. 그리고 그 계집애는 아들이 고등학교를 졸업하자마자 이별을 선언하고, 겨우 3개월 만에 열아홉의 나이로 시집을 갔다.

— 엄마, 여자는 그럴 수도 있네요?

아들이 벙찐 얼굴로 아줌마 M에게 말했다. 아들이 벙찐 만큼 아줌마 M도 망연했다. 그동안 그 계집애와 만나는 것을 반대는 했지만, 사실 아줌마 M의 마음속에서는 그년을 죽였다가 살렸다가, 며느리로 그정도 얼굴이면 괜찮지 하고 타협을 했다가, 그년이 눈물을 쏙 빼도록 호통을 쳤다가 하며 시어머니 된 기분을 잔뜩 내고 있었다. 그런데 겨우 열아홉의 나이에 다른 곳으로 시집을 가버리다니, 아들이 아니라 마치 아줌마 M이 소박을 맞은 기분이었다.

아들은 대학교 4년을 묵묵히 버텨냈다. 지방대 조경학과에 입학하여 4년 내내 장학금을 받았고 서울에 올라와서는 실속 있는 조경회사에 입사를 했다. 아들은 조경이 은근히 남는 사업이라는 것을 일찌감치 깨닫고 시골에 묵혀 놓은 선산 땅에 나무를 키우기 시작했다. 나무가 자라면 제가 다니는 회사에 나무를 팔고, 주말에는 또 새 나무를 심으며 제법 짭짤하게 돈벌이를 했다.

하지만 아줌마 M의 가슴속에는 여전히 여자 친구 K가 뽑히지 않는 가시처럼 박혀 있었다. 아들이 서른이 훌쩍 넘도록 결혼을 하지 못한 것도 아줌마 M은 여자 친구 K 탓으로 돌렸다. 그때 그년한테 하도 데여서 다른 여자를 못 만난다는 것이었다. 아들이 아줌마 M에게 그런 것이 아니라고, 돈이 벌릴수록 점점 예쁜 여자들이 나타나니 누구를 골라야 할지 몰라서 그러는 것이라고 우스갯소리를 해도 소용이 없었다.

— 엄마, 이제 과일가게 접으시고 편히 사세요.

제법 자리가 잡힌 아들이 아줌마 M에게 말했다. 하지만 아줌마 M은 말을 듣지 않았다.

— 아직 팔다리 멀쩡한데 왜 네 돈을 쓰냐? 그런 소리 말고 며느리나 데려와라.

동네 작은 과일가게 같아도 여기서 과일을 팔면서 사람도 만나고 시장에서 소문난 알부자도 된 아줌마 M이었다. 하지만 아줌마 M이 환갑을 넘기고, 이제는 팔다리에 힘이 빠져 정말 가게를 넘길까 해서 과일가게를 부동산에 내놓았을 때였다. 어린애를 하나 들쳐 업은 젊은 아줌마 한 명이 아줌마 M의 과일가게를 보러왔다.

아줌마 M의 가슴이 쿵쾅쿵쾅 뛰었다. 그년이었다. 지난 10년 동안 아들의 일이 풀리지 않을 때마다 원망을 했던 아들의 예전 여자 친구 K였다. 그동안 고생을 많이 하고 살았는지 낭창했던 허리는 간 곳이 없고, 여우같은 얼굴도 풀죽같이 거칠어져 있었다.

— 애기 엄마, 가게는 왜 내려고 그래?
— 남편이 하도 두들겨 패서 이거 하나 데리고 이혼했어요. 친정에서 가게라도 한번 해 보라고 하네요.

아줌마 M은 요새 아줌마 K를 데리고 과일가게 일을 가르치고 있다. 아줌마 K가 과일가게 일을 완전히 다 배우면 가게를 넘기고 물러날 것이라고 한다. 아들은 "엄니, 나는 벌써 오래 전에 정리한 여자를 가지고 왜 그래요? 오지랖도 넓으셔" 하며 아줌마 M을 보고 웃는다. 십여 년 전 며느리로 점찍어 놓고 첫정을 들인 여우년에 대한 한풀이를, 곰 같은 아들은 이해하지 못한다.

아줌마 N

비즈니스 우먼

아줌마 N은 미국에서 잘나가는 비즈니스 우먼이다. 그것도 연봉이 1억도 훨씬 넘는 대단한 비즈니스 우먼이다. 나이가 육십을 넘었고 영어 한마디 제대로 하지 못하는 아줌마 N이 어떻게 미국에서 비즈니스 우먼이 되었는지는 그 사연이 좀 기구하다.

IMF가 터진 1998년, 서울 반가의 사모님으로 맛난 것만 먹고 좋은 옷만 입고 살았던 아줌마 N은 하루아침에 동전 한 푼 없는 빈털터리 신세가 되었다. 아줌마 N과 남편이 잘못하면 노숙자 신세가 되게 생겼다는 소식을 듣고 뉴욕에서 공대 박사를 하던 딸과 사위가 급히 비행기표를 보냈다. 딸과 사위는 미국에서 실험 조교(Research Assistant)를 하면서 쥐꼬리만 한 월급을 받고 있었다. 아줌마 N 내외는 딸 내외의 원베드룸에 함께 살면서 빠듯하게 끼니만 겨우 이었다.

— 여보게, 내가 밥값 할 방법 좀 찾아 주게.

아줌마 N은 사위에게 뭔가 일자리를 찾아 달라고 염치불고하고 부탁을 했다. 사위는 근처의 한국 식당을 소개해 주었다. 사모님이었던 아줌마 N은 이제 식당 아줌마가 되고, 사장님이었던 남편은 식재료 배달 운전수가 되었다. 영어를 하지 못해도 별 상관은 없었다. 아줌마 N과 남편은 아침에 사위가 출근 시켜주면 일하고, 저녁에 사위가 데리러 오면 집으로 갔다.

식당에 처음으로 출근을 한 날, 아줌마 N은 식당의 사장이 직원들과 똑같이 박한 음식을 먹고 있는 것을 보았다. 오랜 세월 사모님 대접을 받고 살아온 아줌마 N은 윗사람이 원하는 것이 무엇인지를 정확히 알고 있었다. 출근 둘째 날, 아줌마 N은 은수저와 그릇 한 벌을 마련하여 깨끗이 삶았다. 그리고 오후 3시, 직원들의 식사 시간이 되자 아줌마 N은 따로 소반을 준비하여 식당 사장의 점심을 차렸다. 따뜻한 밥과 국, 엄마가 해주는 것 같은 반찬, 그리고 은수저가 반짝이는 밥상이었다.

사장은 미국 와서 이런 밥은 처음 먹어 본다며 눈물이 핑 돌 정도로 감격해했다. 젊어서 미국에 건너와 고생을 많이 한 사장은 이런 엄마 밥상을 받아 보는 것이 소원이었다고 했다. 아줌마 N은 사장의 점심 밥상을 매일 매일 따로 차렸다.

두 달이 지나자 한국 식당 사장은 아줌마 N에게 영주권을 신청하자고 했다. 사장은 무슨 방법을 쓴 것인지 급행으로 아줌마 N 부부에게 영주권 수속을 넣어 주었다. 아줌마 N 부부는 놀랍게도 일 년 만에 영주권을 받았다.

한국 식당 사장은 또한 교회 인맥을 통해서 장사를 하다가 은퇴하는 사람들을 아줌마 N과 연결시켜 주었다. 그 인연으로 아줌마 N은 조그만 샌드위치 가게를 시작할 수 있었다. 사대문 토박이 손맛을 시어머니에게 매섭게 물려받은 아줌마 N은 저렴한 재료로 음식을 맛있게 만들 줄 알았다. "음식은 간이야, 간." 아줌마 N은 대단한 비결이라도 말하는 듯이 늘 이렇게 말하곤 했다.

큰 자본금도 없이 시작한 가게지만, 그 조그만 샌드위치 가게에서 일 년 순익이 20만 달러가 넘게 나온다는 사실을 남들은 잘 모른다. 딸내미는 진작 박사를 그만두고 샌드위치 가게의 캐셔 겸 통역으로 들어앉았다. 비즈니스 우먼이 뭐 따로 있으랴.

그렇게 5년이 지나자 아줌마 N은 시민권을 신청했다. 공대 박사를 마치고 MBA를 하고 있는 사위가 미국에서 취업하기 편하게끔, 영주권을 줄 수 있을까 해서다. 아줌마 N은 가끔 묻는다. "그래, 그 대단한 MBA 끝나면 연봉은 얼마나 받는 거야?" 사위는 그냥 웃는다.

아줌마 O

완벽한 사위를 둔 여자

아줌마 O는 잘난 딸을 둔 여자다. 그런데 아줌마 O는 자신이 딸내미를 잘 키운 건지 잘 못키운 건지 잘 모르겠다고 한다. 아줌마 O의 딸은 어릴 때부터 공부를 잘했다. 그래서 열아홉에는 남들이 다 부러워하는 대학교에 철썩 붙었고, 스물셋에는 남들이 부러워하는 직장에 한 번에 취직도 했다.

그런데 취직을 해서 돈을 좀 버나 싶더니, 이내 못해 먹겠다고 했다. 자기가 일을 더 잘하는데 자기 위의 상사가 석사를 했다는 이유만으로 승진을 하고 지시를 내리는 게 말이 되지 않는다는 이유였다. 아줌마 O의 딸은 석사를 따러 미국에 갔다.

석사를 따고 딸은 다시 한국으로 돌아왔다. 그리고 예전에 다녔던 그 회사에 취업해서 꼭 일 년을 다니고 또 그만두었다. 이제는 박사들이 설쳐서 안 되겠다는 것이었다. 일은 딸이 더 잘하는데, 이론적으로도 자신이 밀리지 않는데, 다만 학벌이 문제라고 했다. 딸의 나이는 어느새 서른을 바라보고 있었다. 하지만 아줌마 O는 이게 다 딸이 너무 잘난 까닭이라고 생각하고 다시 한 번 비행기에 태워 미국으로 보냈다.

박사는 석사와는 달리 생각보다 꽤 오랜 시간이 걸렸다. 중간에 사사하던 교수들이 다른 학교로 가는 바람에 예정보다 조금 더 늦어졌다고도 했다. 딸은 무려 6년 만에 박사를 따서 한국으로 왔다. 딸의 나이는 어느새 30대 중반이었다.

커리어 면에서 딸은 승승장구였다. 조교수 자리는 따 놓은 당상이란 소리를 들으며 모교에서 전임강사를 뛰었다. 커리어가 어느 정도 궤도에 오르자 딸은 열심히 선을 보러 다녔다. 그런데 이 남자는 키가 작아서 싫다, 저 남자는 코가 못생겨서 싫다, 하나같이 연결이 되질 않았다. 딸의 나이는 이제 남들 보기에 내일모레 사십이 되어 있었다.

한국 나이로 서른여덟, 미국 나이로 서른일곱이 되던 해에 딸은 마침내 결혼할 남자를 집으로 데려 왔다. 남자는 어느 병원의 병원장이었다. 빌딩이 몇 개가 있고 딸을 열렬히 사랑한다고 했다.

— 엄마, 내 나이가 몇인데 더 바라겠어? 나 이제 20평대 아파트에서 도저히 시작할 수 있을 것 같지가 않아. 내가 그동안 그럭저럭 십 년을 떠돌면서 고생했는데, 이 나이에 콧구멍 만한 아파트 평수 늘려가는 낙에 살아야 되겠수?

딸은 그렇게 우격다짐으로 결혼을 했다. 호텔에서 치른 결혼은, 결혼식 비용만 1억이 넘는다고 했다. 사위는 딸더러 아무것도 필요 없으니 그저 몸만 오면 된다고 했다. 그 말은 진짜였다. 사위는 심지어 편리

하게도 시부모도 없는 사람이었다. 예물 세트 다섯 종에 명품 가방, 그리고 밍크코트는 시어머니 것이 아니라 친정어머니의 것이었다.

새 식구가 된 사위는 처가에 집 사주고 차 사주고 아낌이 없었다. 딸이 나이가 있어 불임클리닉을 들락거리긴 했지만, 결혼 후 딸은 떡두꺼비 같은 아들을 둘이나 낳았다. 이제는 쉬엄쉬엄 강의를 나가며 유모에게 아들들은 맡기고, 분당의 맛있는 레스토랑에서 친정어머니와 오찬을 즐기는 것이 주요한 일과다.

그러나 아줌마 O는 웃어야 할지 울어야 할지 모르겠다. 우리 큰 사위 나이가 올해 예순이라고, 남들이 혹시 사위의 나이를 묻기라도 하면 곧이곧대로 대답을 할 수가 없었다. 아줌마 O는 올해 예순 셋이다.

아줌마 O는 요즘 딸네 집에 한약 나르는 것이 일이다. 사위가 부디 자기보다 오래 살라고, 제발 손자들이 장성할 때까지 오래오래 살아달라고 기도하는 마음으로 한약을 달인다.

아줌마 P

박사 받은 여자

아줌마 P는 박사 받은 여자다. 박사는 박사인데, 국내에서 학위를 딴 박사다. 남들이 알아주거나 말거나, 시댁이 믿어주거나 말거나, 아줌마 P는 정말 노력했다. 학교에서 인정을 받기 위해 아줌마 P는 연구하고 논문을 내고, 또 연구하고 논문을 냈다. 그러거나 말거나 아줌마 P는 전임강사가 될 수 없었다.

아줌마 P는 박사를 받고 남편과 결혼했다. 남편은 '약간 명문대' 혹은 '이른바 명문대 축'인 학교를 나와 증권회사에 다니는 사람이었다. 시어머니는 아줌마 P에게 10년 동안 끊임없이 이런 말을 했다.

— 우리 아들은 교사와 결혼을 했어야 했는데……. 박사 받고 교수라고 해서 장가를 보냈는데, 넌 교수가 맞긴 맞는 거니? 계속 학교를 옮겨 다니기만 하니, 원.

남편은 아이를 많이 원했다. 자기가 외동이라서 아이들은 형제가 많았으면 좋겠다고 했다. 아줌마 P는 아들을 셋 낳았다. 하지만 아들 셋을 키우면서 일을 하기란 쉽지 않았다. 아줌마 P는 10년 간 강사를 뛰면서 친정어머니에게, 식구들에게, 친정어머니의 친척들에게 말로 다 설명도 못할 만큼 큰 빚을 졌다.

친정어머니는 애들을 봐주러 오시다가 길에서 쓰러지셨다. 그렇게 뇌졸중으로 친정어머니를 보내고, 가장 만만한 친척인 밥집 하는 이모에게 아이들을 맡겼다. 형제가 많았으면 좋겠다던 남편은 자기 자식을 돌볼 생각은 없었다. 관절염이 있다는 시어머니도 손자들을 봐주지 않았다.

아줌마 P는 집에서 두세 시간씩 걸리는 지방 대학으로도 출강을 했는데, 아이가 아프기라도 하면 그야말로 비상이었다. 아이가 아프면 유아원에서도 받아 주지 않기 때문이었다. 아줌마 P의 이모는 아픈 아이를 업고 식당 문을 열기 위해 30인분의 쌀을 씻었다. 친척들은 친정엄마로도 모자라 이모까지 잡아먹으려고 하냐면서 도끼눈을 뜨고 아줌마 P를 나무랐다. 마침내 이모마저 두 손을 들었을 때, 그동안 첫째가 겨우 취학 연령이 된 것이 성과라면 성과였다.

남편이 해고된 것은 그즈음이었다. 거래를 잘못 했는지 줄을 잘못 섰는지 그 이유는 정확히 말해 주지 않았다. 다만 확실한 것은 아줌마 P가 대학교 강사를 세 군데를 뛰어도, 다섯 식구 생활비에 유아원 비용은 나오지 않는다는 것이었다. 아줌마 P에게는 한 가지 선택밖에 없었다. 아이들의 유아원 유치원을 그만두게 하는 것이었다.

물론 취업준비를 다시 해야 하는 남편은 아이들을 봐줄 수가 없었다. 요즘 아줌마 P는 밤에는 빌딩 청소하고, 낮에는 애 셋을 돌보면서 부동산 중개인이 되기 위한 공부를 한다. 박사고 전임이고 그런 거 다 소용없다는 사실을 이제는 깨달았다고 한다.

길에서 만난 이야기 4

도색서점에서 만난 여자

                    엔화가 싸져서 무박이일 밤도깨비 여행하기 좋을 때였다. 나는 주말마다 일본의 도색서점을 훑고 다녔다. 보이즈 러브나 야오이가 아니라, 니노미야 히카루의 만화나 시마무라 미유키의 야한 소설이 내 타깃이었다. 기내로 가방 하나 가득 실어오면 세관에서도 잘 걸리지 않았다. 도색서점을 드나드는 남자들과 눈이 마주치는 것이 싫어서 모자를 눌러쓰고 가곤 했다.

  시부야의 도색서점 '다이칸 핑크'는 인터넷에서 검색하여 찾아둔 곳이었다. 여자들 취향에 꼭 맞는 소프트 포르노가 별도 섹션으로 꾸려져 있는 것이 특징인 곳이었다. 혹시 내 입맛에 맞는 것이 있을까 해서 제목들을 유심히 살펴보고 있는데, 등 뒤에서 비아냥거리는 듯한 목소리가 날아왔다.

  ― 오모시로이데스까?(재미있나)

  목소리의 주인공은 40대 초반으로 보이는 남자였다. 도색서점 드나드는 여자라고 사람을 우습게 보는 것인가. 나는 곧바로 쏘아붙였다.

— 오모시로이또 쓰마라나이와 아나따와 간께나이!(재미가 있든 없든 간에 당신이 무슨 상관이야)

남자가 어이없다는 표정으로 나를 보다 이렇게 말했다. "하아, 오만하기가 그지 없구만." 남자는 상스러워보였지만 목소리가 촉촉했다. 그는 연거푸 내게 몇 마디를 던졌다. 빠른 일본어라 다 알아들을 수는 없었지만 한마디는 귀에 들어왔다. "남자 배 밑에 깔려본 적이 없으니 이런 거나 읽는 거지."

쿠소야로(망할 놈) 소리가 나오기 직전이었다. 계산대를 지키던 마담이 나를 잡아끌었다.

— 야구모자 쓴 걸 보니 한국 분이시죠? 뭐 찾으시는 거라도 있나요?

이 여자도 고급한 여자는 아니다, 라는 것이 내가 받은 첫인상이었다. 30대 후반쯤 되었을까? 여자는 키가 호리호리하게 크고 얼굴은 거무튀튀했다. 시부야에서 도색서점을 하고 있다면 호스티스로 왔다가 어영부영 눌러앉은 거겠지. 그런 생각을 하는 나를 마담은 찻집으로 이끌었다. 우리는 마주앉아 홍차와 치즈 케이크를 시켰다.

아가씨는 세상에 무서운 게 없는 모양이네요. 부러워요. 나도 스물넷까지는 그랬던 것 같은데……. 나는 서울대를 나와서 동경대에서 석사를 하던 사람이에요. 90년대 초반에 컴퓨터 공학을 공부했죠. 기말시험을 마치고 처음으로 롯본기에 놀러갔어요.

당시 롯본기 벨파레 클럽에는 다리가 길고 치마가 짧은 여자들을 무대로 올려 춤을 추게 했어요. 나도 거기에서 치마에 스티커를 붙이고 춤을 추는데 얼마나 짜릿하던지. 그런데 무대에서 내려오니까 사무적으로 생긴 여자 하나가 날 불러요. 당신 관광객이냐, 일행이 있느냐, 호텔을 잡아 놓은 게 있느냐, 별실에서 따로 노는 그룹이 있는데 따라올 생각 없느냐.

술도 좀 마실 줄 알았겠다, 거칠 것이 뭐가 있었겠어요? 여자를 따라가 보니 별실에 야쿠자 끄트머리 같은 남자들이 술을 마시고 있어요. 야쿠자라고 이름을 붙이기에는 좀 족보가 없고, 클럽 호스트도 하고 도박 재떨이도 하는 그저 그런 애들. 그래도 젊어서들 그런지 얼굴이 반질반질한데다가 거품경기가 꺼지기 전이라 옷차림들도 고급스러웠어요.

거기서 그 남자를 만났어요. 그 남자가 나를 찍어서 거기로 불려간 것이었죠. 내가 뭐 볼 것이 있다고 나를 찍었는지는 알 수 없었어요. 그 남자 말로는 골격 때문이래요. 자기와 딱 맞는 골격은 척 보면 알 수 있다고.

젊은 아가씨한테 이런 이야기해도 되나? '딱 맞는다'는 게 속궁합을 말한다는 거, 설마 알고 있겠죠? 여자 중에 명기(名器)가 있듯이 남자에게도 명검이 있어요. 천 명하고 자면 천 명 다 베는 칼이죠. 일반적인 남자는 일렉트릭이 통하는 여자가 아니면 올려놓질 못해. 하지만 이런 남자는 어느 여자하고 자나 다 보낼 수 있어요. 그게 그 남자였어요.

그때부터 일주일 동안 그 남자 집에서 밥 먹는 시간과 잠자는 시간 빼고는 하루 종일 관계만 했어요. 당신 같은 여자들은 아마 죽었다 깨어나도 그런 게 어떤 건지 모를 거야. 수업이고 뭐고 다 때려치우고 그 남자 하라는 대로 살았어요. 나 원래 부잣집 딸이에요. 그런데 부모님도 속이고 형제도 배신했어요. 부모님은 한 육칠 년 동안 내가 유학하는 줄 아시더군요.

 그동안 그 남자가 바람을 안 피웠냐 하면 그것도 아니에요. 나이가 서른을 훌쩍 넘겨 몸이 시드니까 남자가 집에 안와요. 결혼도 안했는데 이혼한 기분이야. 직장도 없어, 공부도 못 마쳐, 아버지는 그새 속병으로 돌아가셔, 자살하려고 바다에 갔더니 애는 뱃속에서 꿈틀거려. 나이 든 여자는 몸도 쉽게 못 팔아요. 성병 걸릴 위험에 비교하면 꽃값이 너무 싸서.

 여동생이 일본에 쫓아와서 어쩔 거냐고 묻는데, 선뜻 한국에 따라갈 수가 없었어요. 우리 아버지 내가 속 태워 죽인 걸 알고 있는데, 어떻게 내가 그 집에 들어가겠어요. 여동생에게 그냥 나 죽은 걸로 치고 장례비 조로 돈을 좀 달라고 했어요. 그리고 그렇게 받은 오백만 엔으로 살 궁리를 했는데, 살려고 하니 또 어떻게 살아지더라고요.

 학교 선후배들이 일본 야겜 만드는 걸 알고 시나리오를 쓰겠다고 했어요. 세상 사람들 중에서 몇 명이나 내가 겪은 걸 겪어봤겠어요? 사내 아랫도리가 어떻게 해야 뿌듯해지는지는 내가 또 일가견이 있지. 야겜 시나리오 쓰다가 야설도 쓰고, 웬만한 월급쟁이보다 벌이가 좋았어요. 그러다가 아이가 좀 크면서 돈을 모아 도색서점도 하나 꾸밀 수 있었고.

포르노 업계 쪽 대본을 쓰다가 그 남자를 다시 만났어요. 포르노 쪽에서 스탭 일하고 잡일 좀 도와주고 한대요. 내가 자기 딸 낳아 키우는 걸 알더니 그 남자가 조금이라도 양육비를 보태 주겠대요.

됐다고, 싫다고 하고 싶은데 그게 안 되더라고. 그 남자를 만난 바로 그날, 다시 동거를 시작했어요. 내가 미친년이지 하다가도 이게 운명인가 싶어. 요즘은 그 남자가 포르노 한 편 찍고 녹초가 되서 집에 돌아오면, 저게 우리 애 등록금 벌려고 하는 짓이지 하고 안쓰러운 생각이 들어요.

그러니 아가씨, 아까 그 사람 너무 그렇게 뱀 보듯 하지 말아요. 그 남자도 그렇게 나쁜 마음으로 그런 건 아닐 테니까. 장난 한 번 걸어본 것인데 싸움이 되면 곤란하잖아요. 다음번에 우리 가게에 오면 내 특별히 추천작으로 골라 줄게요.

여자는 이렇게 말을 맺었다. 나는 이 이야기를 동경대 다니는 친구에게 해주었는데, 친구는 호스티스 중에 명문대 나왔다고 사기 치는 여자가 얼마나 많은 줄 아느냐며 깔깔거렸다. 하긴 그것도 맞는 말이었다.

그러나 나에게는 그 일 이후로 특별 소장 책이 한 권 생겼는데, 바로 시마무라 미유키 그녀의 친필 사인이 들어 있는 〈미설(미유키)굴복(美雪屈服)〉이라는 애장본이다. 어떻게 이 책을 손에 넣을 수 있었는지는 남들에게 잘 말하지 않는다.

아줌마 Q   # 대리 엄마

    아줌마 Q는 아줌마라고 하기 뭐한 여자다. 그냥 노처녀라 해야 할지, 돌싱이라 해야 할지, 그래도 아줌마라 해야 할지. 본인은 그냥 편하게 Q 씨라고 부르라고 한다.
  아줌마 Q는 젊었을 때 결혼을 한 번 한 적이 있다. 홀로된 지 오래된 Q 씨의 어머니가 운영하던 유치원 사업이 어려워지자, 학벌 좋고 인물 좋은 딸내미를 부잣집에 급히 시집을 보낸 것이다. 그렇다고 딸을 팔아넘긴 것은 아니었다. 신랑감 역시 인물 좋고 학벌도 빠지지 않았으니까.
  결혼식을 치르고 신혼여행지에 갔는데, 첫날밤을 치러야할 신랑이 보이질 않았다. 신랑을 찾아 호텔 로비로 내려오자 신랑이 웬 늘씬한 여자와 위스키를 마시고 있었다.
  — 인사해, 내 여자 친구야.
  신랑은 원래 깊이 사귀던 이혼녀가 있었는데, 집안에서 반대를 하니 일단 부모님이 원하는 여자와 결혼을 하고, 크게 파토를 내기로 계획을 했다고 한다. Q 씨는 그 길로 짐을 싸서 친정으로 돌아왔다. 혼인신고를 한 것은 아니니 결혼을 했다고 할 수도 없고, 그렇다고 결혼식까지 올린 여자를 노처녀라고 할 수도 없었다. 어쨌든 Q 씨는 위자료를 많이 받고 이혼을 했다. 혼인신고를 하지 않았으니 이것을 이혼이라고 해야 할지 하지 말아야 할지도 잘 모르겠지만.

Q 씨는 친정집과 절연을 하고, 해외에서 석사도 하고 일도 좀 하며 남자 친구도 많이 사귀었다. 다시 결혼할 필요를 느끼지 못했다. 그러던 Q 씨가 아줌마 Q가 되었다고 느낀 것은 40대 중반이 넘어가면서부터였다. 예전에는 몰려드는 남자들 중에서 남자를 골랐다면, 이제는 더 이상 쉽게 원하는 남자와 만날 수가 없었다.

돈은 있었다. 은행에 넣어둔 돈의 이자만 해도 충분히 혼자 먹고 살 수 있었다. 쇼핑 중독이 되어 보기도 하고, 폭식을 해 보기도 했다. 피아노도 배워 보고 테니스도 배워 봤다. 하지만 하고 싶은 일이 없었다. 아침에 눈을 뜨면 내가 왜 살아야 하나 하는 생각이 들었다. 푼돈 조금 더 벌자고 일에 아등바등 하고 싶은 생각도 없었다.

그런데 아줌마 Q의 오래된 친구가 돈 있으면 한국이 얼마나 재미있는지 아느냐며 한국으로 오라고 했다. 아줌마 Q는 한국이 뭐가 재미있는지는 잘 모르겠지만, 일단 한국에 들어가 보기로 했다.

친구는 아줌마 Q에게 나이트 클럽 돈텔마마에 가자고 했다. 하지만 돈텔마마에 가기에는 아줌마 Q는 나이가 좀 많았다. 호스트바에 한 번 가 봤더니 어린 놈들 침 냄새가 고약했다.

　동대문에서 옷 좀 사고, 찜질방에서 땀 좀 빼고, 한약방에 가서 침 맞고, 마사지방에서 경락 몇 번 받자 한 달이 그럭저럭 지나갔다. 아줌마 Q는 목욕탕에서 때 밀어 주는 아줌마를 보다가 그제야 오랫동안 보지 않은 엄마 생각이 났다. 오랜만에 연락한 집에는 숨이 턱 막힐 만큼 가슴 아픈 소식이 기다리고 있었다.

　아줌마 Q가 집에 연락을 하지 않고 지내는 동안, 아줌마 Q보다 한참 어린 남동생 부부가 교통사고로 죽었다고 했다. 아줌마 Q의 어머니는 굴리던 유치원도 작파하고 혼자 손자를 기르고 있었다. 유치원을 다닌다는 조카는 갑자기 부모를 잃어서인지 분리불안을 겪고 있었다. 아줌마 Q의 어머니는 그새 폭삭 늙어 있었다. 혈육이라고는 아줌마 Q와 손자뿐인데, 아줌마 Q와는 연락이 되지 않으니 손자에게 모든 것을 올인하고 있었다.

　아줌마 Q의 어머니는 이번에 조카가 영어유치원에서 무슨 발표회를 하니, 나보다 젊은 네가 그곳에 좀 가달라고 했다. 그렇게 가게 된 영어유치원에서 조카는 밤무대 가수 같은 반짝이 옷을 차려입고 춤추고 노래를 불렀다.

　아줌마 Q는 별 생각 없이 유치원에 간 자신의 실수를 반성했다. 유치원에 온 부모들은 하나같이 잘 차려입고 비싼 가방을 들고 있었다. 게다가 아이들의 아빠로 보이는 아저씨들은 날렵한 캠코더와 꽤 비싸 보이는 DSLR 카메라를 들고 제 자식들의 잘난 모습을 화면으로 담고 있었다. 아무렇게나 묶은 머리에 청바지를 입고 나타난 아줌마 Q는 잡상인처럼 보였다. 조카는 너무나 초라한 아줌마 Q를 보고 울음을 터뜨릴 뻔했다.

아줌마 Q는 오래간만에 살맛나는 적의와 경쟁의식을 느꼈다. 그길로 아줌마 Q는 백화점에 가서 루이비통 가방을 지르고, 청담동 며느리식의 정장을 지르고, 보석류를 질렀다. 최신형의 캠코더를 당장 주문한 것은 물론이었다. 그리고 유치원의 모든 행사마다 조카를 위해 빠짐없이 참석했다. 머리를 새로 하고 화려한 옷을 입고 최고급 가방을 든 아줌마 Q의 모습은 영락없이 잘나가는 집안의 부자 엄마였다. 아줌마 Q는 근 몇 년 동안 돈 쓰는 것이 이렇게 즐거워본 적이 없었다.

요즘 아줌마 Q는 풀잎 같은 조카에게 푹 빠져서 잘나가는 엄마인 척 하고 지낸다. 10년은 나이 차이가 나는 젊은 엄마들 사이에서 기싸움을 하는 것이 그렇게 재미있다고 한다.

아줌마 R

팔자 좋은 여자

아줌마 R은 주변에 팔자 좋은 여자라고 불린다. 치과의사인 남편은 날이 맑으면 아줌마 R에게 골프 치라고 10만 원을 주고, 날이 흐리면 고스톱을 치라고 5만 원을 준다. 지방에서는 10만 원이면 골프 한 게임 치고 오기 딱 좋은 금액이다.

매일매일 용돈을 받아쓰는 아줌마 R은 남편이 얼마를 버는지, 얼마를 모아 두었는지도 모른다. 공과금이나 세금은 남편이 해결한다. 장을 볼 때에도 함께 가서 남편이 계산하고, 딸내미 결혼시킬 때에도 남편이 모두 알아서 했다. 사람들이 혹시 궁금하지는 않느냐고 물어보면 아줌마 R은 이렇게 대답한다.

— 저 사람 매일 남의 입 냄새 맡아가며 번 돈, 매일매일 은행에 입금하는 것이 낙인데 내가 그 낙을 어떻게 뺏어.

아줌마 R이 진짜로 팔자 좋은 여자인지 아닌지는 세상 사람들은 다 모르고, 그 집 딸만이 안다. 아줌마 R에게는 시아버지가 있다. 구십에 가까운 시아버지는 한약을 장복해서인지 아직까지 정력이 좋다. 시아버지는 젊을 때 조강지처를 버리고 여러 번 바람을 피웠다. 처음 시아버지가 바람을 피웠을 때 시어머니는 충격으로 쓰러지셨다. 그런 시어머니를 아줌마 R이 살뜰하게 병구완을 해서 일으켜 세웠다.

몇 년 후 시아버지가 두 번째 바람을 피웠을 때, 시어머니는 다시는 일어날 수 없게 쓰러져 버렸다. 그리고 그렇게 누운 채로 8년을 살았다. 현대의학의 승리였다.

시어머니는 소변은 볼 수 있었으나 대변은 볼 수 없는 상태였다. 시어머니가 대변을 보게 하기 위해서는 누군가가 장의 위부터 아래까지 흐물흐물한 배껍질을 손으로 주물러서 치약 짜내듯이 아래로 대변을 짜내야 했다.

그 일은 두말할 것도 없이 아줌마 R의 몫이었다. 그렇게 해서 똥구멍까지 똥이 치받치면 손가락으로 변을 파냈다. 변을 파내기 위해서는 장갑도 끼지 않은 가느다란 손가락이 필요했다. 얇은 비닐장갑만 껴도 손가락이 홍문에 들어가질 않았다. 아줌마 R은 이틀에 한 번씩 시어머니의 변을 파냈다. 그리고 8년 후, 시어머니는 비로소 세상을 떴다.

아줌마 R에게 시아버지를 미워하느냐고 물어보면, 이제는 그런 것도 없다고 한다. 다만 늘 똥냄새가 빠지지 않던 자신의 희던 손가락을 이야기한다. 그리고 시아버지를 진심으로 미워했던 어떤 순간들을 가끔 이야기한다.

시어머니가 중풍인지 뇌졸중인지로 쓰러진 다음, 시아버지는 시아버지의 친구들이 가끔 집으로 찾아오면 평소에는 잘 들어가지도 않는 시어머니 방에 들어가 이불을 들추고 똥구멍에 그 굵은 손가락을 넣어 똥 빼는 시늉을 했다고 한다. 시어머니는 아파도 비명도 못 지르는데, 시아버지는 자신이 마치 천하의 애처가인양 비운의 주인공인양 굴었다고 한다.

시어머니가 죽은 후 얼마 지나지 않아, 시아버지는 노인정의 할머니와 결혼을 해야겠다고 했다. 자식들이 그렇게는 안 된다고 반대를 하자 시아버지는 내리 굶기 시작했다. 정말로 아무것도 먹지 않았는지 아니면 숨어서 뭘 먹었는지는 모르겠으나, 어쨌든 자식들은 시아버지의 단식 일주일 만에 두 손을 들었다. 노인정 할머니는 새 시어머니가 되었다.

새 시어머니는 위암에 걸려 죽었다. 그리고 위암 뒤끝 병구완은 또다시 아줌마 R이 했다. 위암의 병구완은 뇌졸중처럼 길지는 않았다. 새 시어머니를 묻고 집으로 돌아오던 날, 시아버지의 친구들은 능글맞게 웃으면서 "자네 좋겠네. 또 새 장가 들어야겠네?" 했다. 시아버지는 이제 더 이상 새 장가는 안갈 것이라고 했다.

장가를 들지 않겠다는 시아버지의 말은 참말이었다. 장가를 들지는 않고 내연녀를 만나기 시작했으니까 말이다. 시아버지는 이제 잠은 내연녀의 집에서 자고, 아침과 저녁만 먹으러 아줌마 R에게 왔다.

그런데 이제 문제는 뇌나 위가 아니라 간이었다. 시아버지의 내연녀가 간염보균자였던 것이다. 아줌마 R은 내연녀가 혹시라도 간암에나

걸리지 않을까 걱정이다. 이제 자신도 칠십이 가까운 나이에 시어머니 병구완 세 번은 도저히 못하겠다고 한다. 딸은 아줌마 R에게 부지런히 골프를 쳐서 체력을 길러두시는 게 좋겠다고, 씁쓸한 농담을 한다.

아줌마 S

입시 전문가가 된 여자

　　　　　　아줌마 S는 입시 전문가다. 특히 미국 입시라면 아줌마 S는 모르는 것이 없다. 아줌마 S에게 왜 미국 입시 전문가가 되었느냐고 물으면 아줌마 S는 쓰게 웃는다.

　아줌마 S는 원래 한국에서 잘나가는 기업의 잘나가는 부사장님의 스케줄을 관리하던 비서였다. 소위 글로벌 경영을 추구하는 기업이라 아줌마 S는 해외여행을 원 없이 다녔다. 아줌마 S가 부사장님 출장 스케줄 짜는 것은 거의 여행사 직원 수준이었으며, 엑셀로 문서를 만드는 것은 거의 프로그래밍 수준이라는 소리를 들었다.

　아줌마 S는 부사장님의 소개로 전도가 유망한 청년이라는 대리와 결혼을 하고, 비서직을 그만두었다. 남편은 결혼식을 마치고 나자 미국에 가서 박사를 받아와야겠다며 월급 또박또박 나오는 대기업을 그만둬 버렸다. 아줌마 S는 남편을 따라 미국에 갔다.

　아줌마 S가 가진 비자는 이른바 시체비자라는 F2였다. F2 비자는 일도 할 수 없고, 공부도 할 수 없었다. 그저 남편이 실험실에서 올 때까지 밥하고 빨래하면서 집에서 기다리는 것이 아줌마 S가 할 수 있는 일의 전부였다. 그리고 남편이 박사자격 시험을 통과하고 아줌마 S가 아기를 하나 낳으면서, 시댁에서는 열 몇 살 먹은 시조카 하나를 맡아 달라고 했다.

— 가능하면 둘 다 맡아주면 좋고.

시댁에서는 시조카 하나를 맡아 주면 한 달에 천 달러씩 주겠다고 했다. 미국에서 10대 애들 한 명 먹이고 치다꺼리 하는 데에는 한 달에 약 2천 5백 달러가 든다. 그런데도 시댁 식구들은 "이제 아기 키우려면 돈이 많이 부족할 텐데 보태 써"라며 적선하듯 말했다. 아줌마 S는 사네 못 사네, 이혼을 하네 마네 하다가 결국 천 8백 달러에 시조카를 데리고 있기로 했다.

그렇게 희생을 했어도 결국 남는 것은 욕 얻어먹는 일밖에 없는 것이 남의 자식 데리고 있는 일이었다. "미국까지 보내놨는데 토플 점수가 왜 그 모양이냐? 미국 대학에 가긴 갈 수 있는 거냐? 냉장고에는 왜 만날 음식을 채워 놓지 않아서 애가 배고프다고 하는 거냐?"

아줌마 S가 시조카 때문에 한 마음고생은 필설로 다 형용할 수가 없다. 아줌마 S는 시댁 식구들에게 하도 볶이다 못해 미국 대입시험인 SAT를 스스로 공부했다. 암기과목이라면 자신이 있고, 과외 교사 노릇이라면 대학시절에 또 끝내주게 해줬던 것이 아줌마 S였다. 아줌마 S는 비서하던 실력으로 계획표를 짜고, 매주 한 챕터씩 시조카와 함께

SAT 책을 뽀개 나갔다. 졸려죽겠다는 시조카를 한국식으로, 스파르타 식으로 SAT 과외를 시켰다.

  미국 입시 전문학원에서는 미국 대학 지원 서류를 만들어 주면 한 학교당 2백만 원을 받는다. 그런데 시집에서는 입시 시즌이 다가오는데 아줌마 S가 어찌 해주겠지 하는 생각으로 입만 벌리고 있었다. 아줌마 S는 인터넷을 뒤지고 괜찮은 대학을 엑셀 파일로 리스트를 만들어서 대학입학 지원 서류를 열 개나 만들어 줬다. 덕분에 시조카는 많이 알려지지는 않았지만 꽤 내실이 있는 한 주립대학에 들어갔다.

  시조카 하나가 대학에 들어가자 다른 하나가 또 한국에서 미국으로 왔다. 남편의 긴긴 포닥 생활 동안, 아줌마 S는 시조카 셋을 미국의 주립대에 보내면서 이제는 SAT 과외교사로 완전히 자리매김을 했다. 방 한 칸을 아예 공부방으로 꾸미고, 주변에 사는 한국인 자녀들에게도 SAT를 가르쳤다. 아줌마 S가 버는 돈은 이제 남편이 버는 포닥 월급과 맞먹을 정도였다. 물론 아줌마 S가 버는 돈은 아줌마 S의 딸이 배우는 바이올린, 무용 강습 비용, 시조카 애들이 무지막지하게 먹어대는 식료품 비용, 애들 데려다 줄 때 쓰이는 기름값으로 흔적도 없이 사라져 버렸지만.

  남편은 긴긴 포닥을 마치는가 싶더니, 펀드가 없다고 하루아침에 어이없이 잘려버렸다. 아줌마 S의 식구들이 변변한 전셋집 하나 얻을 돈도 없이 시댁으로 들어온 것이 작년이었다. 남편은 어디 연구소에 자리 하나 없나 살피고 다니는데, 시댁에 짐 보따리 끌고 들어와 있으려니 눈칫밥이 여간이 아니었다. "니들이 미국서 완전 거지가 되어 왔구나. 그동안 보낸 돈이 얼만데." 시어머니가 아줌마 S를 째려보며 말했다. 그동안 시조카들의 밥값으로 받은 돈은 어느새 아줌마 S가 공짜로 얻어 처먹은 돈이 되어 있었다.

아줌마 S는 딸아이를 시댁에 맡겨 놓고 고등학교 때 다녔던 J모 어학원을 찾았다. 이만저만해서 내가 SAT라면 좀 가르치는데 써 주십사 했다. 아줌마 S가 다녔던 작은 어학원은 그동안 재벌이 되어 있었다. "얼마 생각하시나요?" 인사 담당자의 질문에 아줌마 S는 당차게 "그래도 3천만 원은 주셔야지요" 하고 당차게 말했다. 인사 담당자가 픽 웃으며 상냥하게 말했다. "저희는 최소 1억은 맞춰드립니다." 아줌마 S의 눈에 눈물이 핑 돌았다.

아줌마 S는 다시 SAT를 가르친다. 어학원에 다니면서 이제는 한국 쪽 정보까지 풍부해져서, 입시에 관한 것이라면 모르는 것이 없다. 가끔 아줌마 S의 친구들은 아줌마 S가 미국에서 빈털터리로 돌아왔단 소리를 듣고 우쭐한 마음에 전화기를 들곤 한다. 그러다 아줌마 S가 지금 J모 어학원에서 SAT를 가르치고 있다는 소리를 들으면, 언제 그랬냐는 듯 교주에게 가르침을 받고자 하는 신도들처럼 경건하고도 겸손한 자세로 태도가 싹 바뀐다.

아줌마 T

기다리는 여자

아줌마 T는 기다리는 여자다. 뭘 기다리느냐 하면 남편이 전문직으로 레벨업해서 돈 잘 벌어올 날을 기다린다. 아줌마 T는 그렇게 이제까지 그럭저럭 10년 동안 돈 벌어오고 살림하며 남편 공부 뒷바라지를 해왔다. 인천 앞바다에 배 들어올 날을 기다리며.

방송국 PD였던 남편이 처음 의사가 되겠다고 나섰을 때, 남편은 아직 젊었다. 남편의 설명을 들어 보면 더 늦기 전에 PD를 그만두고 의사가 되겠다는 그의 말은 과연 일리가 있었다. 애 없을 때 하루빨리 직업을 바꿔서 돈을 더 많이 벌어 놓아야 하지 않겠는가. 남편은 한 해 수험공부를 하더니, 이듬해 당당히 의대에 합격했다.

1998년, 갑자기 아줌마 T의 인생계획을 심각하게 위협하는 일이 발생했다. IMF가 아니었다. 스타크래프트라는 게임이 출시된 것이다. 남편은 이 알 수 없는 게임에 미쳐서 게임만 하며 한 해를 보냈다. 그리고 그렇게 두어 해를 더 보내더니 결국 의대에서 학사경고를 먹다 못해 쫓겨나는 전설 같은 경우를 맞게 되었다. 아줌마 T의 HP(물리 방어력), MP(마법 방어력)는 심각한 데미지를 먹었다.

의대에 가보니 역시 치대가 낫더라, 남편은 주장했다. 과정도 짧고 시간도 훨씬 여유가 있다는 것이 남편의 설명이었다. 아줌마 T는 다시 기다렸다. 그리고 남편은 2000년에 정말로 치대에 합격했다. 아줌마 T의 HP와 MP는 100퍼센트 다시 회복되었다.

남편은 무척 기뻤다. 한 번도 아니고 두 번이나, 한다면 하는 자신의 능력을 입증했으니 그럴 만도 했다. 기쁜 일이 있었으니 좀 놀아야 했다. 그리고 2002년, 다시 한 번 아줌마 T의 인생을 꼬이게 만드는 사건이 일어났다. 월드컵 4강 진출이라고 들어는 보셨나 모르겠다. 남편은 밤새 거리에서 대한민국 축구단의 승리를 기뻐하다 못해, 거리에서 만난 젊은 아가씨와도 하룻밤 기쁨을 나눴다.

— 하룻밤, 그냥 하룻밤이었어. 나한테는 아무 의미도 없는 여자야.

남편은 말했지만 아줌마 T에게는 아무 의미도 없는 일이 아니었다. 아무리 시간이 흘러도 아줌마 T의 HP는 회복되지 않았다. 아줌마 T와의 불화 때문인 것인지 원래 그런 것인지, 남편은 치대에서도 유급을 거듭했다. 그리고 남편은 마침내 치대에서도 쫓겨났다.

의대, 치대에도 한 번에 합격한 사람이 법대라고 못갈 것인가. 남편은 이제는 로스쿨에 가겠다고 했다. 곰곰이 생각해 보니 자기는 아무래도 문과가 적성이라는 것이었다. 아줌마 T는 로스쿨 학원비를 대며 수험생 치다꺼리를 다시 한 번 했다. 이번이 정말 마지막이다 하는 마음으로.

  아줌마 T의 남편은 이듬해 로스쿨에 합격했다. 과연 귀신같은 수험 능력이었다. 시댁에서는 경사 났다고 동네 잔치를 하자고 했다. 로스쿨을 졸업한다고 갑자기 돈벼락이 떨어지는 것도 아니고, 졸업은 차치하고 학교를 다니면서 줄잡아 1억은 든다는 학비는 또 어떻게 감당한단 말인가. 이런 아줌마 T의 걱정은 누구도 염려해 주지 않았다.

  아줌마 T가 요즘 바라는 일은 단 한가지뿐이다. 앞으로 3년 동안 블리자드, 엔씨 소프트 같은 게임회사는 새 게임 출시를 좀 삼가 주시고, 국가적으로 중요한 스포츠 행사는 가능하면 해외에서 열리기를 바라는 것이다. 이런 거국적인 협조 아래 이번에야말로 남편의 인생 견습 기간이 무사히 끝나기를 바랄 뿐이다.

길에서 만난 이야기 5

벽제 가는 길

　　　　　　　　　이제 열 몇 살 먹은 사촌들을 두고 외삼촌이 돌아가셨다. 사촌들은 어디서 어떻게 장례를 치러야 하는지도 모르고, 조의금을 어떻게 정산해야 할지도 몰랐다. 숙모 역시 충격 때문에 제정신이 아니었기 때문에 별 도움이 되지 않았다. 한 사람의 손도 아쉬운 상황이라 평소 같으면 그다지 도움이 되지 않았을 내가 나서야 했다. 영안실을 수습하다 장례차를 놓친 까닭에 나는 혼자 벽제로 향하는 시외버스를 탔다. 12월의 벽제 가는 길은 몹시도 쓸쓸하고 추웠다.

　버스를 타고 졸고 있는데 육칠십 대로 보이는 늙수그레한 아주머니가 턱이 젖도록 울고 있었다. 얼굴 윤곽이 그다지 무너지지 않은 걸로 보아 어느 집 마나님으로 보였다.

　— 아주머니, 벽제 가세요? 혹시 손수건 필요하세요?

　— 고마워요, 아가씨.

　나는 무심히 물었다.

— 어느 분이 돌아가셨어요?
— 남편이라고 해야 하나, 남자 친구라 해야 하나. 재작년에 깨애-끗한 영감님을 만났세요. 재벌회사에서 하는 실버타운에서 무슨 레크리에이션인가를 하다가 만났지요.

그 집은 아들이 넷이고, 나는 아들 둘 딸 하나를 두었지요. 살만큼 살다가 배우자 사별하고 만난 사람들이니 서로 간에 꺼릴 것이 뭐가 있었겠어요. 석 달 만에 방 같이 쓰자는 말이 나왔세요.

그런데 실버타운 관리소에서 하는 말이, 풍기문란이 되니까 혼인신고를 해야 같은 집에서 살 수가 있다는 거예요. 우리가 혼인신고를 하겠다고 자식들에게 상의하니, 하나같이 쌍수를 들고 반대해. 우리집이나 그 집이나 재산분배가 오와리거든(끝이거든). 그런데 이제 와서 법적으로 형제가 생기면 일이 너무 복잡해진다는 거야.

아들이고 딸이고 지 잇속만 챙기지 도대체 아무 소용이 없어요. 내가 그래도 부동산이 그럭저럭 있어요. 빌딩, 아파트 합치면 5, 60억은 될 거고. 영감님도 여기저기 고시텔이 있는 자산가야.

자식들한테 재산 남겨주는 게 보통 고등수학이 아니거든. 너는 제사 받들 아들이니 몫아치에서 1.1을 곱하고, 너는 학비가 많이 들었으니 0.9를 곱한다. 그렇게 고심 고심해서 나눠 놨는데 재산 나눌 형제들이 더 생긴다니 애들로선 경천동지할 일인 거지.

생전 실버타운에 오지도 않던 애들이 손자들 앞세우고 와서 시위를 해. 며느리들은 남 보기 부끄럽다 하고, 자식들은 연을 끊겠다고 하고. 내가 화냥년이야? 남의 남자 뺏었어? 그래도 늙은 것이 어찌해. 매주 못살게 구는데.

그때부터 속정 풀고 싶을 때면 운전을 해서 모텔에 갔다우. 이게 도대체 뭐하는 짓인지 모르겠다고 불평을 하면서도 재미가 있었어. 그런데 그렇게 갑자기 영감님이 갈 줄 누가 알았나. 범 같은 아들들이 와서 착착착 장례를 하는데, 나는 그냥 거기서 아무것도 아닌 사람이야.

여기까지 말하고 아주머니는 끄억하고 울었다.

— 아, 아주머니 어떡해요. 그분 많이 사랑하셨나 봐요.
— 아가씨, 그게 아니야. 내가 그것 때문에 우는 게 아니야.
— 네?
— 내가 그 사람 이름이 기억이 안나. 만날 조영감님이라고만 불렀지 이름 부른 적이 몇 번 되야 말이지. 아침에 집에서 나왔을 때만 해도 그래도 기억하고 있었는데, 이 나이가 되니까 살 섞은 남자 이름 석 자도 다 기억이 안 나…….

쓰레기로 사는 여자

아줌마 U

        아줌마 U는 미국에서 쓰레기로 사는 여자다. 정확히 말하면 낮에는 미용실에서 미용사로 일하고, 밤에는 각종 쓰레기로 돈을 버는 것이 아줌마 U의 직업이다.

  미국에서는 어느 집에 초상이 나면 가구부터 옷까지 전부 헐값에 팔거나 자선단체에 기부를 해서 빨리 없애 버린다. 아줌마 U는 이런 정보를 인터넷을 통해 알아내 꽤 비싼 물건들을 헐값에 사들인다. 중고 가구는 손을 보아 벼룩시장에 되팔고, 헌옷은 세탁을 해서 팔거나 재봉틀로 이어 박아 퀼트 이불을 만든다. 대학교 근처 학교 아파트 쓰레기장도 아줌마 U의 주요 활동 무대다. 스물 몇 살 먹은 철없는 것들이 멀쩡한 옷이며 쓸 만한 가구들을 왕창 버리기 때문이다.

  쓰레기를 뒤지는 것은 미국에서 불법이기 때문에 밤에 해야 한다. 아줌마 U는 조그만 픽업트럭을 몰고 새벽 2시쯤 원정길에 오른다. 그리고 손전등을 들고 학생들이 많이 사는 아파트 공동 쓰레기장이나 분리수거함을 샅샅이 뒤진다. 가끔 찢어진 쓰레기봉투 때문에 음식물 찌꺼기가 얼굴에 튀기도 하지만, 운이 좋으면 멀쩡한 가전제품들이 쏟아지기도 한다.

아줌마 U의 탄탄한 사업에 경쟁자가 나타난 것은 지난 5월 초였다. 학기가 끝날 무렵이라 학생들이 쓰레기를 왕창 버리는 대목 기간이었다. 웬 흑인 청년 둘이 낡은 쉐비트럭을 몰고 와서 아줌마 U가 주로 뒤지던 쓰레기장을 뒤지고 있었다. 그 쓰레기장은 오래전부터 아줌마 U의 구역이었던 곳인데, 건장한 청년 둘이 재빠르게 쓸 만한 물건들을 실어 나르니 아줌마 U가 손을 쓸 틈이 없었다. 아줌마 U는 버려진 가구는 고사하고 옷가지 한 벌 제대로 건지지 못한 채 쓸쓸히 퇴각했다.

이제 쓰레기 장사는 그만인가? 아줌마 U는 성이 나서 잠을 이루질 못했다. 산전 수전 공중전 다 겪은 내가 뭐가 무서워서 여기는 내 구역이라고 말을 못했던가? 낮 시간에 남자 머리를 한 명 깎으면 14달러를 번다. 10대 아들을 키우는 이혼녀 아줌마 U가 빠듯하게 살림을 꾸려 나가기에는 그럭저럭 괜찮은 돈이었으나, 아줌마 U의 모든 희망인 아들의 대학 학비를 생각하면 어림도 없는 돈이었다. 아들이 곧 대학생이 되면 필요할 학비며 생활비를 어떻게 감당할 것인가? 아줌마 U는 자기 추수터를 지키는 참새처럼 분노했다.

하지만 그런 분노에도 불구하고 아줌마 U는 몇날 며칠을 계속해서 허탕을 쳤다. 새벽에 나와 힘들게 쓰레기장을 뒤지고 다니는데 아무 성과가 없으니 기운이 빠지고 배가 고팠다. 아줌마 U는 영업시간이 끝났다고 하는데도 도넛 가게에 무작정 들어갔다. 그리고 점원에게 늦은 건 알지만 현금을 줄 테니 도넛을 몇 개 달라고 했다.

 점원이 사고 싶은 도넛 개수를 물었다. '열두 개는 너무 많고 비싸겠지. 여섯 개는 누구 코에 붙이랴고.' 아줌마 U는 고민 끝에 아홉 개를 달라고 했다. 점원은 도넛 아홉 개를 포장해 주었다. 아줌마 U가 얼마냐고 물었다. 그러자 점원이 아줌마 U에게 씨익 미소를 보내며 "공짜"라고 말했다.

 이 살벌한 미국 땅에 공짜가 어디 있단 말인가? 아줌마 U는 눈을 똑바로 뜨고 점원을 쳐다보았다. 그런데 이게 누군가? 도넛 가게 점원은 바로 그 한밤중의 경쟁자, 흑인 청년이었다. 청년은 영업시간이 지나 남아있는 도넛은 다 버릴 도넛이니 쓰레기나 마찬가지다, 가져가고 싶은 대로 마음대로 가져가라, 고 했다.

 요즘 아줌마 U는 목요일 밤 10시가 되면 도넛 가게에 간다. 그날 다 팔지 못한 도넛을 한 판 가져오기 위해서다. 이렇게 생긴 도넛 한 판은 아줌마 U네의 일주일치 아침 식사가 된다. 그리고 아줌마 U네 미장원에는 흑인 청년들이 가끔 공짜 머리를 깎으러 온다. 한국인 손님들은 아줌마 U더러 한국인뿐 아니라 흑인 손님들까지 미장원에 오니 돈 많이 버시겠다고 한다. 아줌마 U는 그런 손님들에게 "미국 돈 내가 다 버는 거 몰랐어?" 하며 호기롭게 대답한다.

아줌마 V   금쪽회의 전설

　　　　　　　　　아줌마 V는 금쪽회 회장이다. 금쪽회가 무엇인고 하니, 금쪽같은 땅을 남편들이 다 팔아먹은 마누라들의 모임이다. 금쪽회의 시작은 원래 같은 초등학교 다니는 아이들을 둔 엄마들끼리 모여서 책도 돌려보고, 학원 정보도 나누고, 시장에서 과일도 박스로 싸게 사서 나눠 먹고 하던 모임이었다. 샐러리맨, 자영업자, 목수 등 남편들의 직업은 다양했지만, 다들 쥐꼬리만 한 월급을 여퉈 목돈 만드는 데에는 한가닥씩들 했다.

　금쪽회 회원들은 그렇게 조금씩 돈을 모아 서로 정보를 공유하며 자투리땅을 사들이기 시작했다. 남편들은 그런 아내들을 이런 말로 추어올렸다. "젊을 때는 대한민국 돈 내가 다 버는 것 같아도, 나이 먹으면 그저 마누라가 사둔 손바닥만 한 땅 갖고 살게 마련이라니까. 하하하." 하지만 그 말 속에서 어느새 남편들이 벌어온 쥐꼬리만 한 월급은 '대한민국 모든 돈'이 되어 있고, 그 월급의 몇 곱절로 불어난 땅은 '손바닥만 한' 공간으로 좁아붙어 있었다.

그렇게 안팎으로 시련을 겪어가며 금쪽회 회원들이 땅을 만들어 놓으면 남편들은 어처구니없는 이유로 그 땅을 홀랑 날려 먹었다. 갑자기 뒤늦게 공부가 하고 싶다는 둥, 웃기지도 않은 부장이 너무 갈궈서 참을 수가 없다는 둥, 기가 막히게 좋은 투자 기회가 있는데 놓치면 후회할 거라는 둥, 그 이유도 다양했다. 모임의 여자들은 "그 집도 이제 아무 것도 없다고?" 혹은 "우린 그래도 아직 집 하나 남았어" 같은 말을 인사로 건넸고, 이렇게 생긴 모임이 바로 금쪽회다.

그중에서도 아줌마 V는 금쪽회의 전설이었다. 아줌마 V에게는 50억짜리 빌딩이 있'었'다. 남편이 한창 잘 벌 때 아줌마 V가 주식으로 망한 청년재벌에게서 헐값에 후려쳐 사들인 빌딩이다. 남편은 이 빌딩을 팔아서 제 2의 인생을 꾸려보겠다고 했다. 50억씩 10명이 모이면 5백억인데(당연한 이야기다. 아줌마 V도 곱하기는 할 줄 안다), 이 5백억으로 지방에 자그마한 실버타운을 세워 보자는 것이었다.

황토로 집을 짓고, 커뮤니티 센터도 짓고, 간호사도 들이고, 텃밭에 농사도 지을 수 있게 어쩌고저쩌고. 앞으로는 실버의 시대가 오니까 업계의 전망이 어쩌고저쩌고. 땅만 먼저 파 놓고 그때부터는 은퇴할 5, 60대들의 투자금을 받아서 어쩌고저쩌고. 아줌마 V가 그 수많은 어쩌고저쩌고에 꿈쩍을 하지 않자 남편은 마침내 주먹으로 대화를 시도했다. 농촌을 살리고 노년층의 미래를 살피는 가장의 계획을 몰라 주고 어쩌고저쩌고.

아줌마 V는 얼굴 절반이 시퍼렇게 멍이 들어서, 이렇게 말하며 등기 권리증을 남편에게 넘겼다.

— 빌딩 팔면 너랑은 이혼이다.

남편은 빌딩을 팔고 정말로 아줌마 V와 이혼했다. 달랑 2억 원의 위자료만 던져 주고.

그렇게 남편은 실버타운인지 뭔지를 시작하는 듯하더니, 돈 받고 썩은 땅 판 놈이 날랐다고 하다가, 투자하기로 한 사람이 연락이 안 된다고 하다가, 나중에는 아예 사업계획이 없어졌다고 했다. 그리고 생활비가 모자라 실버타운 하려던 땅을 되팔아서 현금을 조금 만들었는데, 그 돈으로 내기바둑도 두고 일본에 내기골프를 치러 다닌다고 했다. 그러더니 정말로 한 푼도 없어졌다고 했다. 게다가 무엇 때문인지 빚이 생겨서 빚쟁이까지 쫓아다닌다고 했다.

아줌마 V는 그동안 위자료 2억을 가지고 학교 앞 문방구를 인수했다. 초등학교 자모회에서 제일 잘나가던 사모님이었던 아줌마 V가, 자식들이 졸업한 초등학교 앞에서 문방구를 한다는 것은 일종의 결단이었다. 하지만 아줌마 V는 의연하게 동대문에서 단가 싸고 독특한 장난감들을 열심히 떼어왔고, 아줌마 V를 걱정한 초등학교 선생님들은 문제집이 바뀔 때마다 따박따박 아줌마 V에게 통보를 해주었다. 그렇게 아줌마 V는 문방구에서 먹고 자다시피 하며 자식들을 시집 장가보냈다. 그래서 아줌마 V는 금쪽회의 전설이자, 독한년이다.

아줌마 V가 독한년이라고 불리는 것은 비단 혼자 먹고 살 길을 홀

륭히 닦아내서만은 아니다. 아줌마 V가 독한년이라고 불리는 이유는 현재 아줌마 V의 남편이 서울역 앞에서 노숙을 하고 있기 때문이다. 과연 제2의 인생은 제2의 인생이다.

아줌마 V는 매월 1일이면 아들을 시켜서 전 남편에게 50만 원을 던져 준다. 금쪽회의 고문이자 아줌마 V의 오랜 친구인 아줌마 W는, 아줌마 V에게 이렇게 다그친 적이 있다. "자네 그러지 말고 단돈 오백만 원이라도 만들어서 애들 아빠 방 얻어줘. 그 나이에 찬 바닥에서 자면 일찍 죽어." 하지만 아줌마 V는 흔들리지 않고 이렇게 말했다.

— 형님 모르는 소리 말어. 내가 그 사람 방 얻어 주면 나한테까지 빚쟁이들이 쫓아와. 그 인간 내기 빚이 얼마인지 다 알지도 못해. 빚쟁이들이 문방구까지 쳐들어오면 장사는 할 수 있남? 나라도 이렇게 벌어야 그 화상 뜨거운 국물이라도 얻어먹지.

아줌마 W   # 능력 있는 여자

　　　　　　　　　　　　아줌마 W는 이른바 능력 있는 시어머니다. 육십
이 넘는 나이에도 남편을 도와 공장을 이끌며 중소기업의 이사님으로
일하고 있다. 아줌마 W는 일찍이 지방 명문여고를 일등으로 입학해
일등으로 졸업한 재원이었다. 여자가 공부 많이 해서 무엇 하냐는 아
버지의 불호령에 대학은 못가고 말았지만.
　　아줌마 W는 열아홉의 나이에 사업하는 남자와 결혼했다. 결혼 후
아줌마 W는 회사의 경리고, 영업 담당이고, 생산관리자였다. 사업하
는 남자와 결혼한 여자는 두 가지를 잘해야 한다. 먼저 돈 빌리러 다닐
구멍을 많이 만들어 놓아야 한다. 그리고 경리 찜 쪄 먹을 정도로 회
계를 잘해야 한다. 사업하는 남자와 결혼한 여자가 이 두 가지 조건을
갖추지 못하면 언제 경리가 돈 들고 달아나는 사고가 터질지 모른다는
것이 아줌마 W의 지론이었다. 그래서 아줌마 W는 경리일이건 생산관
리건, 도서관에서 책을 빌려다 보며 열심히 공부하고 그 이치를 터득

해냈다.

젊은 시절 아줌마 W는 볼 꼴 못 볼 꼴, 다 보고 보여 주며 사업체를 일구어냈다. 아줌마 W가 지금까지 기억하는 못 볼 꼴 한 가지는 이러하다. 그날은 은행 마감시간에 맞춰 현금을 넣지 못하면 어음이 부도가 되는 상황이었다. 아줌마 W는 쓰리꾼을 만날까봐 김치통을 3단으로 만들어 첫 단에는 김치를 넣고, 2단 3단에는 현금다발을 차곡차곡 넣고 은행으로 향했다.

그런데 그날따라 차는 막히고 은행 마감시간은 다가오는데, 오줌이 너무너무 마려웠다. 하지만 버스에서 내려 오줌을 누고 가면 도저히 어음을 막을 수 없는 상황이었다. 아줌마 W는 이를 악물고 다리를 꼬며 오줌을 참았다. 이미 마감시간이 다가와 은행은 정문이 닫히고 쪽문만 열려있는 상황이었다. 아줌마 W는 문을 쾅쾅 두드렸다.

― 회사 넘어가요. 문 좀 열어요. 사람 죽어요!

그렇게 난리를 치고 부도를 아슬아슬하게 막은 후, 아줌마 W는 그만 오줌을 놓쳐 버렸다. 번쩍번쩍하게 닦아 놓은 은행 바닥에 아줌마 W의 오줌이 흥건하고, 한편에서는 김치 냄새까지 새어 나오고 있었다. 은행 안에 있던 모든 사람들이 김치냄새와 오줌내로 범벅이 된 아줌마 W를 쳐다보았다.

아줌마 W는 그렇게 바쁘게 아들딸 키우며 살면서도 파출부를 써본 적이 없었다. 그리고 마침내 아들딸이 보란 듯이 명문대에 들어가자 이만하면 노력하며 살아온 인생이 보답을 받았다는 생각이 들었다. 대학

나온 친구들에 비해 재산으로도 안 뒤지고, 아들딸 학벌로도 처지지 않으니 이제는 손자들 재롱이나 보면서 편안한 노후를 보내고 싶었다.

아줌마 W의 아들이 며느릿감을 데려온 것은 대학을 졸업하고 얼마 지나지 않아서였다. 아들은 전문대를 나오고 직장에 다니고 있는 며느릿감과 함께 유학을 가고 싶다고 했다. 아줌마 W는 아들이 좋다는 여자니 별말 않고 결혼을 허락해 주었다. 나도 고졸인데 며느릿감 학벌을 트집 잡겠으며, 나도 없이 살다 결혼했는데 며느리 집안의 가난을 탓하겠느냐고 했다. "빨리 손자나 보여 다오." 아줌마 W는 며느릿감 S에게 이렇게 말했다.

미국으로 간 아들 내외는 박사까지 8년 동안, 아들 둘에 딸 하나를 두었다. 아들의 학비와 다섯 명 분의 생활비를 아줌마 W는 8년 동안 댔다. 마침내 아들이 수도권의 전임강사가 되어 돌아오자 며느리는 하악관절이 아프다고 했다. 미국생활 하면서 너무 고생을 해서 그렇구나, 하며 아줌마 W는 며느리의 하악수술비도 댔다.

아들이 서울에 자리를 잡아야 하니 아들 명의로 서울에 40평짜리 아파트도 한 채 사줬다. 셋이나 되는 애들이 너무 극성스러워서 며느리가 스트레스가 너무 심하다고 해서 조선족 파출부 아줌마의 월급도 대주었다. 아들의 연봉은 전임이 되고도 시원치가 않았다.

— 어머니, 솔직히 그 사람 연봉으로는 애들 놀이방 비도 못 대요.

맞는 말로 들렸다. 아줌마 W는 손자 손녀의 요미요미, 은물 비용을 댔고, 영어유치원과 바이올린 강습 비용도 댔다. 물론 이유는 매우 그럴 듯했다. 요리와 미술을 가르쳐 준다는 요미요미를 하면 애들 감성이 풍부해지고, 은물을 하면 사물을 대하는 기초가 탄탄히 잡힌다고 했다. 영어를 잊어버리면 안 되니 영어유치원도 빠뜨릴 수 없었다.

게다가 첫째 손자는 워낙 음감이 좋아 바이올린도 아무 것으로나 사줄 수 없고, 손녀딸은 체형이 좋으니 발레를 시켜야겠다고 했다. 아줌마 W는 죽을 때 싸 짊어지고 갈 건가 하는 생각으로 두 눈 질끈 감고 며느리가 필요하다는 것을 다 해주었다.

며느리 하는 짓이라면 늘 새우눈을 뜨고 보던 아줌마 W의 딸이 코딱지만 한 인터넷 창을 보여준 건 그 무렵이었다. 딸내미는 만날 쪼들린다며 우는 소리를 하던 올케 사는 꼴 좀 보라며 열이 받아 있었다. 돋보기를 끼고 살펴본 며느리의 싸이월드는 가관이었다.

밤톨같이 귀여운 손자들에게 뭘 입혔다 뭘 먹였다고 자랑하는 사진은 그래도 좋았다. 대낮부터 비싼 식당에서 뭘 어떻게 지져먹었다는 사진이며, 하도 싸서 할 수 없이 사왔다는 명품 가방이나 구두까지도 그러려니 했다. 그런데 아줌마 W는 며느리가 전문대에 들어간 적이 없다는 것을, 아들이 며느릿감을 소개할 때 말을 흐리다가 결과적으로 학벌을 속였다는 사실을 싸이 방명록을 보고 처음 알았다.

며느리의 싸이 다이어리에는 찔끔찔끔 주기만 하고 재산을 왕창 나눠 주지 않는 시댁에 대한 원망도 고스란히 담겨 있었다. 누구네 집은 며느리가 아들 손자 낳아 줬다고 타워팰리스를 사줬다는데, 자기 시댁에서 사준 집은 너무 작아서 미국서 가져온 이튼 알렌 가구가 영 안

어울린다는 이야기도.

  아줌마 W는 이번에 유럽여행 패키지를 끊었다. 고등학교 때 친구들과 함께 25일 일정으로 다녀올 예정이다. 돈도 좀 써볼 거라며 넉넉하게 환전도 해놓았다. 유럽에 가서 그리스 에게 해의 사진을 꼭 찍을 거라고, 아줌마 W는 말한다.

아줌마 X

조직의 여자

　　　　　　　　아줌마 X는 조직의 여자이다. 초등학교, 중학교, 고등학교, 대학교, 대학원을 거쳐 사회에 나올 때까지 아줌마 X는 뼛속까지 조직의 인간이었다. 조직의 상사치고 아줌마 X를 총애하지 않는 사람이 없었다. 초등학교 때는 줄곧 반장을 도맡아 했고 중고등학교 때는 전교 회장이었다. 친구들 사이의 자잘한 다툼을 중재하는 일부터 학생과 선생 사이의 보이지 않는 갈등을 조율하는 일까지, 소녀 X는 요령 있게 해냈다.

수학여행 프로그램을 짜면서 융통성을 발휘해 음주타임을 빼낸다든지, 교지를 만들 때 선생님들 이름을 넣는 감사 페이지를 만들어 선생님들의 기분을 우쭐하게 해주는 것 등이 X의 많은 활약상 중 하나였다. 소녀 X가 워낙 일을 잘하니 특별한 선거 운동을 안 해도 당연히 X가 회장으로 당선되었다.

대학교에서 X의 조직 생활은 주로 운동권 활동에서 이루어졌다. 게다가 X의 학과는 운동권 활동이라면 둘째가라면 서러운 사회학과였다. 학교 안에서 가장 멋있고 가장 똑똑해 보이는 사람들이 모여 있는 사회학과에서 대학생 X는 학년 대표가 되고 과대(과대표)가 되었다. 대학생 X는 시위에도 적극적으로 나서고 토론도 잘했다. 술이라도 한 잔 하는 날에는 볼이 발그레해져서 운동권 학생들의 마음을 자극하는 권가(운동권가)를 불렀다. 구슬프고도 힘찬 의지가 담겨있는 X의 노랫소리를 듣고 있노라면, 대학생 X는 행동하는 청년의 양심이요, 로사 룩셈부르크의 현현이었다.

대학을 졸업한 X는 이번에는 사회과학 대학원이라는 조직에 들어갔다. 대학원은 선배들을 중심으로 흘러가던 대학과는 달리 교수를 중심으로 돌아가는 곳이었다. 이제 대학원생 X가 새롭게 집중하는 활동은 교수를 중심으로 한 도제적 서클이었다.

대학원생 X가 석사를 하고 박사가 될 무렵 X가 속해있던 과에서 임용비리 사건이 터졌다. 운동권 활동을 같이 하던 X의 친구들은 너는 왜 아무 말 없이 가만히 있었느냐고 X에게 물었다. 하지만 X는 눈 하나 깜짝하지 않고 이렇게 대답했다.

― 그건 우리가 관련할 일이 아니고 교수님이 알아서 하실 일이야. 너희들 너무 과격하구나.

친구들은 X가 변했다고 말했다. 하지만 X는 변한 적이 없었다. 초지일관 X는 조직의 인간이었다.

오래 사귀어온 라디오 PD와 결혼한 후, X는 아줌마 X가 되었다. 이제 아줌마 X가 속한 가장 강력한 조직은 시댁이었다. 시댁이라는 조직은 아줌마 X가 처음 접하는 새로운 타입의 조직이었다. 만약 아줌마 X의 시댁이 부유한 집안이었다면 그 특징이 조금 달랐을 지도 모른다. 하지만 아줌마 X의 시댁은 서울에 집 한 채 만들고, 시골에 땅을 조금 산 후에 은퇴한 평균적인 집안이었다. 집이나 땅은 현금을 만들어 내는 재산이 아니니 아줌마 X 남편의 수입이 시댁의 주요 수입원이었다.

대단히 진보적인 줄 알았던 아저씨 X는 지극히 평균적인 한국의 남편이었다. 평균적으로 바쁜 (혹은 바쁜 척하는) PD 남편은 아내와 가사 노동을 나눌 수 없었다.

이름난 대학에서 박사를 받고 교수님들의 총애를 받으며 지역학과 사회학을 결합하는 연구를 하고 있는 연구원 며느리. 하지만 듣기만 좋을 뿐 방송국 PD만큼의 수입을 보장하지는 않는 일이었다. 그래서 아줌마 X는 자기 일 이외에도 시댁의 대소사를 도맡아 진행하고 가사 일을 책임져야 했다.

아줌마 X가 이전에 몸담았던 조직이, 반장에서 회장으로, 과대표에서 학생회장으로 금세 직위가 올라갔다면, 이 조직에서 X의 위치는 도무지 올라갈 기미가 보이지 않았다. 시어머니가 세상을 떠나야 비로소 며느리가 집안의 책임자가 되는 시댁이라는 조직의 체계는, 기존의 교수가 은퇴를 해야 새로 교수가 될 수 있는 대학의 체계보다 훨씬 더 잔혹하고 엄격했다. 아줌마 X는 태어나서 처음으로 자기가 속한 조직에 현기증을 느꼈다.

아줌마 X는 요즘 연구 방향을 바꿔 지역학과 여성학을 결합하는 논문을 쓰고 있다. 사람들이 아줌마 X의 논문을 평가하기를, 아줌마 X가 예전에 썼던 그 어떤 논문보다 혼과 정성이 실려 있다고 한다. 아줌마 X의 남편은 아줌마 X에게 내가 당신 논문의 소재를 줬으니 고맙지 않느냐고 한다.

길에서 만난 이야기 6

소공녀

　　　　　　　　　대기업 사장 비서로 십여 년을 일하면서 남은 것
이 있다면, 잦은 출장으로 쌓인 마일리지 하나뿐이다. 마일리지로 휴
가를 위한 비행기 티켓을 결제할 때에나 비로소 골드미스가 된 뿌듯함
을 느끼곤 했다.
　그렇게 타게 된 비즈니스 석 옆자리에 젊은 계집애가 앉아 있는 것
은 김새는 일이다. 나는 이 나이가 되어서 비로소 비즈니스 석에 올랐
는데 이제 겨우 스물이 될까 말까한 애송이가 몇 백만 원짜리 비즈니
스 석 옆자리에 앉아 있다니 왜 안 그렇겠는가. '뭐하는 계집애일까?
룸살롱 여자애인가?'
　하지만 룸살롱 여자애라고 하기에 그녀의 인상은 너무 전투적이었
다. 눈의 흰자위에는 책을 많이 읽어 생긴 누런 점이 있었고, 오른손
가운데 손가락에는 펜을 오래 잡아 생긴 굳은살이 있었다. 그렇다고
부잣집 고명딸이라고 보기에는 손이 거칠었다. 무엇보다 손톱 정리가

제대로 되어 있지 않다는 사실이 그럴 가능성을 배제하게 했다. 술집 애도, 부잣집 딸도 아니라면 도대체 저 여자애는 어떻게 비즈니스 석에 탄 것일까?

14시간에 걸친 비행기 여행에서 꼭 기억해야 할 것이 있다면, 그것은 간혹 일어서서 뜀뛰기를 해주어야 한다는 것이다. 그렇게 해주어야 낮은 기압에서 심장에 피가 잘 돌 수 있다. 나는 비행기 비상 탈출구 근처에 가서 쪼그려 뛰기를 하며 다리에 고인 혈전을 풀었다. 아까 그 여자애도 졸래졸래 나를 따라와 새침하게 다리를 매만지고 있었다.

"아가씨는 무슨 일로 시카고에 가요? 학생인가?" 나는 결국 참지 못하고 말을 붙였다. 여자애는 생긋 웃으며 공부하러 가는 것이 맞다고 했다.

— 예쁜 아가씨인데 고생한 흔적이 있어 보이네…….

여자애는 의외로 붙임성이 있고 서글서글한 성격이었다. 우리는 샴페인 한 병을 부탁해서 나눠 마시며 어두침침한 비상탈출구 앞에서 이런저런 이야기를 나누었다.

— 언니, 제가 고생한 것처럼 보여요? 어디가요? 저는 잘 모르겠는데……. 그런데요, 제 고생은 우리 엄마 고생에 비하면 아무것도 아니에요. 저희 엄마, 의대생 아빠 만나서 엄청 내조하셨거든요. 아빠가 전문의 따고 막 돈 벌려는 찰나에 위암으로 돌아가셨어요. 저 초등학교 6학년 때요.

엄마 돌아가시고 일 년도 안 되서, 불과 일 년도 안 되서 아빠가 재혼을 하셨어요. 새엄마가 된 여자는 저한테 이제는 중국이 대세라며, 저를 중국의 기숙사 학교에 보내버렸어요.

열네 살짜리가, 중국말은 한마디도 모르는데 가서 어땠겠어요? 언니, 진짜 저를 키운 건 3할이 신라면일 거예요. 처음에는 정말 밥 시켜 먹는 방법도 몰랐거든요. 게다가 아무리 밥을 사먹어도 얼큰하고 짭짤한 맛이 그리웠어요. 그래서 신라면을 박스로 쟁여 놓고 먹었어요.

만날 울면서 아빠한테 전화를 했어요. 착한 딸이 될 테니까 한국에 돌아가게만 해달라고요. 하지만 아빠는 제 말에 늘 대답이 없으셨어요. 제가 중3 되던 해에 저는 그냥 한국으로 탈출을 해버렸어요. 베이징에서 서울로요. 언니, 제가 다니던 기숙학교에 엄마 아빠 이혼하고 버려진 애들이 엄청 많아요. 그 애들 중에서 당찬 애들은 서울행 비행기 타고 그냥 와서 엄마 아빠한테 연락도 안하고 거리에서 떠돌기도 하고요.

서울 우리집에 도착해서 문을 두드리는데 아무도 대답이 없었어요. 열쇠도 없어서 아빠가 일하시는 피부과 앞에서 기다렸지요. 그렇게 한 두 시간 쯤 기다리는데, 아빠가 저는 얼굴도 모르는 동생을 안고 그 여자랑 같이 나와요. 완전히 '가족'이더라고요 이젠……. 제가 용기를 내서 "아빠!" 하고 불렀는데 아빠는 들은 건지 못 들은 건지 그냥 가버리더라고요. 차마 쫓아갈 용기가 나질 않았어요.

서울 무섭잖아요, 언니. 어린 여자애가 혼자 길거리에 있으면 누가 덥석 잡아갈지도 모르잖아요. 혼자서 얼마나 무서웠는지 몰라요. 밤기차를 타고 무작정 부산에 내려갔어요. 부산에 저희 외할머니가 계시거든요. 외할머니한테 찾아가서 울면서 제발 아빠한테만 말하지 말아 달라고 했어요. 아빠가 나 도로 중국에 보낼 거라고요.

그렇게 외할머니랑 같이 사 년을 살았어요. 부산에서 입시학원도 다니고 인터넷 강좌도 들으면서 공부했고요. 저희 아빠가 돈은 진짜로 잘 벌어요. 아빠가 중국으로 부쳐 주는 생활비랑 학비를 전부 한국 계좌로 모았더니 그 돈이 이제 꽤 돼요.

그런데 대학에 들어갈 때가 되니까 외할머니는 늙어 가시는데 제가 계속 옆에 있는 것이 너무 부담인 것 같았어요. 게다가 한국에 있으면서 중국에서 대학 다닌다고 계속 아빠를 속이기도 어려울 거 같고요. 그래서 그냥 미국에서 공부를 해 보기로 했어요. 제가 중국어도 좀 하고 영어도 좀 하거든요. 시카고에는 화학 공부를 하러 가는데, 이 공부만 끝나면 어디서 뭘 하든 굶어 죽기야 하겠냐 싶어요.

"기류가 불안정하오니 승객 여러분들은 자리에 앉아 주십시오." 자리에 돌아온 여자애는 그새 샴페인에 취했는지 눈을 감았다. 그리고 마지막으로 중얼거렸다.

— 그런데 언니 있잖아요. 제가 중3때 한국 와서 아빠를 불렀을 때요. 나중에 생각해 보니까 아빠는 제 목소리를 못 들은 것이 아니라, 저를 아예 몰라보신 것 같아요.

분명 제 얼굴을 봤거든요. 그런데 '쟤 누구냐?' 하는 얼굴로 차에 타시더라고요. 제가 아마 중국에서 지내면서 얼굴이 많이 변했나 봐요. 고생한 얼굴로요. 그래서 언니가 그런 말할 때 뜨끔하더라고요.

아줌마 Y

맞는 여자

　　　　　　　아줌마 Y는 곱상한 여자다. 아줌마 Y는 골격이 곧으면서도 손발이 가늘고 길다. 얼굴도 해사하고 목소리도 조용조용하다. 이른바 천생 여자다. 나이 육십을 바라보는 지금도 아줌마 Y가 길을 지나가면 중절모 쓴 아저씨들이 한 번 더 아줌마 Y를 돌아본다.
　남편은 몇 십 대 일의 경쟁률을 뚫고 아줌마 Y와 결혼했다. 결혼하고도 아줌마 Y가 고운 것은 여전했다. 뭘 사러 갈 때면 아줌마 Y는 단정하게 차려입고 조용조용 이렇게 말했다.
　— 제가 지금 돈이 이것밖에 없어서요.
　사람들은 아줌마 Y가 그렇게 말하면 "아이고, 그냥 제가 손해 보지요" 하면서 값을 깎아 주었다. 장을 보러가도 남보다 덤을 한 주먹 더 받았다. 심지어 할머니들도 아줌마 Y라면 새댁 참 곱네, 하면서 이것저것 얹어 주었다.
　하지만 그런 미모가 아줌마 Y의 인생을 마냥 쉽게 풀어 주지만은 않았다. 남편은 갈비집을 했는데, 아줌마 Y는 제 깐에는 내조를 한다고 갈비집 카운터를 보려고 했다. 다른 사람에게 카운터를 맡기면 많을 때는 매출이 두 배씩 차이가 났다. 하지만 고운 여자가 갈비집 카운터에 앉아 있으니 오가는 남자 손님들이 죄다 오며가며 추파를 던졌다.

— 아니, 이놈의 여편네가! 누굴 보고 웃어!

갈비집 카운터 보는 여자가 손님들이 이야기하는데 웃지 그럼 찡그리겠는가. 아무튼 남편은 눈이 뒤집혔고, 아줌마 Y는 왼뺨 오른뺨 돌려 맞았다. 그때부터 남편은 아줌마 Y를 밖에 내보내지 않았다.

남편에게 뭔가 문제가 있다는 것을 깨닫게 된 것은 첫아들을 낳고 나서였다. 남편은 아들과 자기가 닮은 곳이라고는 귀밖에 없다는 소리를 달고 다녔다. 그리고 그때부터 아줌마 Y는 30년 동안 맞으면서 살았다. 아줌마 Y는 하도 맞은 통에 이제 더 이상 아이도 못 낳는 몸이 되었다. 당신 의처증이야, 라고 말이라도 한마디 해주면 속이나 시원하련만, 아줌마 Y는 평생 그 말을 입 밖에 꺼내지 못했다.

아들은 나이 서른에 장가를 갔다. 그리고 장가를 들고 얼마 지나지 않아 며느리를 '좀' 두들겨 팼다. 아들의 말로는 처가 다른 남자를 만나고 다닌다고 했다.

— 어머니, 그럼 보험 영업하면서 여자한테만 영업할 수 있어요?

며느리는 울면서 아줌마 Y에게 하소연했다. 결국 며느리 친정집에서 요새 세상에 어떤 여자가 병신 같이 맞고 사느냐며 이혼을 추진했고, 아들은 이혼을 하고 아줌마 Y의 집에 다시 들어와 살게 되었다.

아들이 집에서 하는 짓은 남편과 꼭 같았다. 세수할 때 가래를 올려 카악 하고 뱉는 것이나, 밥 달라고 청하고 5분도 못 참는 것이나, 나날이 찌그러지는 미간의 주름까지. 심지어 술 먹으면 마누라 욕을 중얼중얼 늘어 놓는 것까지 똑같았다.

남편은 요새 아줌마 Y를 그렇게 많이 패지 않는다. 그리고 아들이 하는 짓이나 얼굴 늙어가는 모양이 갈수록 자기와 닮아간다며 감탄한다. 아무래도 내 아들이 맞는 것 같다며 뿌듯해한다.

아줌마 Z

점쟁이

　　　　　　아줌마 Z는 점쟁이다. 아줌마 Z가 예전에 초등학교 교사까지 했던 사람이라고 하면 사람들은 웃으면서 아줌마 Z의 말을 믿지 않는다. 하지만 아줌마 Z가 예전에 초등학교 교사였던 것은 분명한 사실이고, 아줌마 Z가 이렇게 점쟁이가 된 데에는 국가적인 사건과 시어머니의 지원이 있었다.

　아줌마 Z가 사귀던 남자와 결혼을 할 때, 사람들은 아줌마 Z의 결혼을 '기우는 혼사'라고 했다. 신랑감은 제법 알찬 중소기업의 후계자였고, 아줌마 Z는 가난한 친정을 책임져야 하는 초등학교 선생님이었다. 두 사람 다 선남선녀였으나, 아줌마 Z는 신랑 집안의 극심한 반대를 각오했다. 하지만 시어머니감은 의외로 관대했다. 한 가지만 빼놓고 그랬다.

　— 학교 선생이라니 애들은 잘 기르겠구나. 내가 좀 알아보니 네가 초년복은 없어도 우리 아들과 궁합이 잘 맞는다고 하더라. 그런데 우

리집에서는 한 가지는 지켜야 한다. 우리는 사업하는 집이라 고사도 지내야 하고 굿도 하고 점도 자주 본다. 그거 감당할 수 있겠니? 설마 교회 다니는 건 아니겠지?

아줌마 Z는 당연히 그렇게 하겠다고 했다. 금전적으로 친정을 보조해 줄 수 있는 것 외에도, 좋은 시절 다 보내며 8년이나 사귄 애인을 이제 와서 놓칠 수는 없었다. 아줌마 Z는 결혼하고 바로바로 아이를 낳아, 아들 둘에 딸 하나를 낳은 어엿한 맏며느리로 자리를 굳혔다.

선생일은 물론 접었다. 그리고 학교에 나가지 않는 대신 시어머니로부터 점에 관한 모든 것을 배웠다. 공장을 열 때는 고사를 한단다. 네가 신장대 잡아야 한다. 큰 수주 걸린 때에는 백암선생을 찾아가서 알아봐라. 사람 새로 뽑을 때는 사진 들고 가서 관상 보는 돼지엄마에게 물어봐라. 점 볼 때는 새 돈을 현찰로 준비해서 주는 법이다. 자식들 사주 책은 연말에 만들어야 한다. 온 가족 다 같이 하면 10퍼센트 깎아 준단다.

점의 세계는 무궁무진했다. 단기 점 잘 보는 사람, 장기 점 잘 보는 사람, 관상 잘 보는 사람, 사주 잘 보는 사람, 궁합 잘 보는 사람, 전생 보는 사람, 후생 보는 사람, 12년에 한 번씩 대굿 치러 주는 사람, 생산라인 열 때 고사 전문인 사람, 액막이 해주는 사람, 통계로 점 본다는 사람, 전화로만 봐 주는 사람……. 아줌마 Z는 점의 도사가 되었다. 어느새 아줌마 Z는 어디는 1인당 10만 원인데, 저기는 비슷하게 잘 보면서 가족들 전부 다에 30만 원에 해준다는 것까지 알 수 있는 경지에 이르렀다. 남편이 바람을 피우면서 아줌마 Z의 점사랑은 더욱 극진해졌다. 점쟁이는 아줌마 Z에게 말했다.

— 이건 남편 탓도 아니고 당신 탓도 아니야. 그년이 워낙 도화살이 꼈네.

점쟁이는 남편과 내연녀 사이에 살이 껴서 그런 것이니, 양복에 부적을 넣고 일 년만 기다리면 곧 돌아올 거라고 했다. 점쟁이의 말은 남편에 대한 분노, 아줌마 Z 스스로에 대한 자책감을 모두 없애 주었다. 남편이 바람이 난 것은, 남편 탓도 아니고 자기 탓도 아니고 오로지 '살'의 탓이므로. 남편은 그런 아줌마 Z를 보며 이렇게 비웃었다. "우리집 여자들은 늙으나 젊으나, 배우나 못 배우나, 점이라면 꼼짝을 못하는 구만."

아줌마 Z의 점 인생이 변곡점을 맞은 것은 IMF 때였다. 확장한다고 벌려 놓은 사업이 부도가 나서 뻥뻥 넘어지고, 헐값에 공장이 넘어가기 시작했다. 아줌마 Z가 분풀이로 사둔 보석들은 똥값이 되고, 돈 가뭄에 피가 말랐다. 시부모는 화병으로 시름시름 앓았다. 아줌마 Z는 그나마 꿍쳐 놓은 금붙이로 가까스로 전세를 얻고, 화병이 난 시부모를 병원으로 옮겼다. 그러나 한숨 돌릴 새도 없이 대학 갈 나이가 된 아들딸이 손을 벌려왔다.

— 엄마, 나 등록금…….

아줌마 Z는 그때도 점쟁이에게 찾아갔다. 사채업자들 하는 말에 사업하는 집 여자가 점집에 가는 빈도수가 지나치게 높아지면 사업이 망해가는 증거라는 말이 있는데, 아줌마 Z가 꼭 그 꼴이었다. 아줌마 Z

는 간곡하게 점쟁이에게 물었다.

"어쩌면 좋으냐? 올해 나랑 남편이 대운이 끼는 해라고 했는데 이게 뭐냐." 용하다는 점쟁이는 말했다. "당신은 대운이 끼는 해인데 올해는 국운에서 기우니 도망갈 구멍이 없네." 아줌마 Z가 점쟁이의 멱살을 잡았다. "내가 당신에게 갖다 바친 돈이 얼만데 그런 소리를 하시요? 나 먹고 살 구멍을 마련하쇼." 아줌마 Z는 결국 용하다는 그 점쟁이로부터 점 보는 법을 전수받았다. 뭘 어떻게 전수를 받은 것인지는 알 수 없지만 말이다.

그렇게 일 년이 지나고, 아줌마 Z의 시부모는 화병으로 세상을 떠났다. 그 무렵 한국에는 벤처라는 것이 뜨기 시작했다. 아줌마 Z는 배운 여자답게 새로운 시장을 개척해 보기로 했다. 너무 바빠서 점 볼 시간도 없는 벤처 사업가들에게 방문 사주를 봐 주는 것이었다.

아줌마 Z는 잘나갈 때 장만한 사모님 정장을 떨쳐입고, 화장을 곱게 한 후 강남의 테헤란로 사무실을 돌았다. 젊은 애들 사주를 몇 번 공짜로 봐 주고 나면 주변 사람들이 너도나도 봐 달라고 달려들었다. 아줌마 Z는 승승장구 잘나가 보이는 놈한테는 그건 네가 원래부터 타고 난 복이라고 칭찬해 주고, 고민이 있어 보이는 놈한테는 좋은 일 앞두고 액이 닥쳐 그런 것이라고 했다. 그리고 잘나가는 놈한테는 호사다마이니 부적을 써야 하고, 고민이 있어 보이는 놈한테는 액막이를 해야 하니 부적을 써야 한다고 했다.

사주는 공짜지만 부적은 공짜가 아니었다. 얼마 지나지 않아 아줌마

Z는 본인이 직접 운영하는 사무실을 열었다.

  아줌마 Z가 사주를 잘 본다는 소문이 돌자, 아줌마 Z의 오랜 후배인 아줌마 V가 사주 한 번 봐달라며 아줌마 Z를 찾아왔다. 하지만 아줌마 V를 본 아줌마 Z의 얼굴은 액막이 탈처럼 일그러졌다.

  — V야, 마음 뒤숭숭하면 삼겹살이나 한 칼 끊어다가 식구들끼리 지져 먹어. 점이 대수냐? 돈이 무섭지. 돈이 오죽 무서우면 선생하던 여자가 점 팔아 쌀을 사겠냐?

인생은 가까이서 보면 비극이지만 멀리서 보면 희극이다.

_찰리 채플린

- 2막 -
살아 있음을, 살아 있는 존재임을

아줌마 A   진상

　　　　　　　아줌마 A는 진상이다. 진상으로 인생을 개척해 왔
고 진상으로 세상을 이해해 왔다. 이제까지 단 한 번도 아줌마 A가 진
상을 부려서 해결되지 않은 일이 없었다. 동네 슈퍼에서부터 인근 쇼핑
센터, 동사무소, 백화점까지 아줌마 A의 진상이 통하지 않은 곳은 한
군데도 없었다. 심지어 세무서에서까지 아줌마 A는 이겼다. 세무서 직
원이 아줌마 A에게 알았으니 제발 그만 하시라고, 세금을 깎아줄 정도
였다.

　아줌마 A는 동네에서 단 한 번도 싸움을 해서 져본 일이 없다. 사람
들은 아줌마 A와 시비가 붙으면 일단 피해가는 것이 상수라는 것을 알
고 있었다. 아줌마 A가 동네에서 왜 자꾸 싸움을 하느냐, 그건 아줌마
A가 은밀하게 동네에서 고리대금업을 하기 때문이었다. 아줌마 A는 동
네에 돈 필요한 아줌마들에게 푼돈을 빌려 주고 높은 이자를 뜯어냈
다. 돈이 나오지 않으면 밥솥이건 그릇이건 결혼앨범이건 일단 들고 오

는 것이 아줌마 A의 방법이었다. 성깔이 돋으면 돈 빌려간 사람 집 유리창을 두어 장 깨부수고 화분을 던지며 소란을 피웠다.

아줌마 A는 결혼조차 진상으로 했다. 정확히 그게 결혼인지 아닌지는 모르겠지만. 아들 하나를 혼자 키우던 아줌마 A는 아들의 학교 선생님인 아저씨 A를 우격다짐으로 쫓아다녀 결국 결혼식까지 치렀다. 하지만 혼인신고는 하지 않았다. 본인이 여퉈둔 돈을 빼앗길까 봐서다.

그러나 아줌마 A는 아저씨 A의 월급날이 되면 학교까지 직접 찾아가서 또박또박 월급을 받아갔다. 아저씨 A가 데려온 아홉 살짜리 딸을 콩쥐 부리듯 부려 먹는 것은 너무나 당연한 일이었다. 아저씨 A는 제발 이혼해 달라고 사정했다. 하지만 결혼을 한 적이 없으니 이혼을 할 수 있을 리가 없었다.

아저씨 A가 제발 집을 나가 달라고 하면 아줌마 A는 학교에 가서 깽판을 놓겠다고 했다. 아저씨 A는 딸이 부지깽이로 얻어맞고 엄동설한에 심부름을 다니니 학교를 그만두고 딸을 위해 낙향을 해버렸다. 그 시골까지 찾아와서 돈 내놓으라고 난동을 부린 게 아줌마 A다.

아줌마 A의 진상이 제대로 발휘된 것은 뭐니 뭐니 해도 아줌마 A의 아들이 결혼을 할 때였다. 고액과외를 흠뻑 적셔 치과의사가 된 아들이 순한 아가씨를 데려왔을 때 아줌마 A는 당연한 것처럼 열쇠 세 개와 시어머니용 예단 일습을 요구했다. 며느릿감도 산부인과 의사였다. 며느릿감이 같은 의사끼리 열쇠 세 개가 무슨 말이냐며, 그런 경우는 듣도 보도 못했다고 말하자 아줌마 A는 역시나 진상으로 응대했다.

— 이년이 어디서 견문 자랑을 해? 며느리가 아니고 아예 상전일세?

며느릿감 처음 보는 자리에서 며느릿감에게 이년 저년을 하고도 결혼이 성사된 예는 아마 저 집이 처음일 것이라고, 동네 사람들은 말했다. 어쨌든 며느리는 아들이 몰래 모아둔 돈으로 열쇠 세 개를 마련하고, 며느리네가 시어머니용 예단 일습을 갖춰 주는 것으로 합의를 보았다. 시작이 그러했으니 그 시집살이가 어떠했는지는 기술할 필요도 없겠다.

세월은 흘러 흘러 며느리 나이 쉰여섯, 손자 나이가 어느새 스물여섯이 되었다. 이제는 할머니가 된 아줌마 A는 나이가 팔십이 넘었어도 어디 한 군데 아프지도 않고 팔팔했다. 손자는 요즘 사귀는 아가씨라며 피부가 가무잡잡하고 탱탱한, 늘씬하고 자유분방해 보이는 아가씨를 데려왔다. 그 젊음에 심통이 났는지 할머니 A는 인생 최대의 진상을 부렸다.

— 니가 들어오면 내 똥기저귀를 빨아야 하는데 니가 감당할 수 있겠냐? 우리 아들은 의사인데 니네 부모는 뭘 먹고 산대냐? 내 손자는 잘나서 아이비리그에 다니는데 넌 어디 다니냐?

며느리는 할머니 A를 말리다 손자 며느릿감 앞에서 이 뺨 저 뺨 맞았다. "저년이 이제 내가 늙었다고 나랑 맞먹으려 드네?" 하는 소리를 들었다. 며느리는 아들 앞에서 통곡을 했다. 손자의 눈동자가 번쩍 빛났다. 그러고 보니 손자는 평생 그런 모습을 진저리치게 보고 자랐다.

할머니 A가 이때 몰랐던 것이 있다면 손자가 사귀던 아가씨가 캐나다 교포였다는 사실이었다. 5월의 어느 화창한 날, 할머니 A가 마사지를 받으러 나갔다가 예의 그 꼬장꼬장한 표정으로 집에 들어오는데 이상하게도 집에 아무도 없었다. 쪽지도 한 장 없었고, 아들 손자는 전화도 받지 않았다. 집에 있는 살림도 그대로고, 가구도 그대로고, 등기서류도 그대로인데 사람들만 빠져나가고 없었다.

동네 사람들은 할머니 A네 아들 며느리가 그동안 의사하면서 번 돈을 전부 모아 가지고 캐나다 어디로 몰래 이민을 갔다고 했다. 겨우 20대 중반인 손자가 이 모든 걸 지휘, 감독했다고 했다.

자산은 전부 처분해서 해외투자 이민으로 송금을 하고, 살림도 하나 챙기지 않은 채 각자 가방 한 개씩만 들고 떠났다고 한다. 떠나기 전날까지 행여나 들킬까봐, 그 흔한 여행가방 한 개 가져가지 못하고 손가방 하나에 서류만 잔뜩 가져갔다고 한다.

할머니 A가 아들 며느리와 함께 살던 큰 집에는 이제 할머니 A만 혼자 덩그러니 남아있다. 물론 할머니 A에게는 평생 고리대금으로 모은 큰돈이 있었지만 그 돈으로 패악을 부릴 사람이 더 이상 없었다.

요즘 할머니 A는 돈을 쥐었다 풀었다 하면서, 동네 사람들을 들들 볶아대고 있다. 주말이면 혼자서 소리를 지르며 동네 편의점 앞에서 술을 마신다고도 한다. 텅 빈 집을 지키는 할머니 A에게는 오직 돈'만' 있다.

아줌마 B

돈 쓰는 여자

아줌마 B의 본분은 돈을 쓰는 것이다. 돈을 쓰라고 돈을 들여 데려온 여자다. 아줌마 B네 시댁은 지방 K시의 종가집이었다. 수도를 옮긴다든가 운하를 판다든가 하는 토목개발 계획이 있기 전에는 그저 농사짓고 읍내에 있는 점방으로 먹고 살았다. 토지보상으로 수백억을 손에 넣고, 아줌마 B의 시댁은 팔자를 고쳤다.

집안에서 제일 잘난 자식이자 장남인 아저씨 B는 지방의 토호 정도로만 머무르고 싶지 않았다. 집안 전체를 새로 리모델링 해 보자는 것이 아저씨 B의 원대한 꿈이었다.

아저씨 B는 결혼정보회사에 5천만 원을 주고 적당한 여자를 골라 달라고 했다. 최고로 아름답고, 끝내주게 몸매 좋고, 남들 보기에 '와' 소리가 날 만큼 돈 쓰는 법을 잘 아는 여자를 소개해 달라고 했다. 한 푼을 써도 티가 나게 쓸 줄 아는, 아저씨 B는 겪어본 적도 들어본 적도 없는 그런 세계로 가는 법을 아는 여자를 소개해 달라고 했다.

140

아줌마 B는 그 목적에 여러모로 잘 부합되는 여자였다. 공채 탤런트로 방송국에 들어갈 뻔도 했지만, 하는 드라마마다 시청률이 잘 나오지 않아서 나이만 먹고 있던 차였다. 아줌마 B는 서른을 넘으면서 방송국 물을 더 먹을 것인지, 아니면 남자를 만나 이 바닥을 뜰 것인지 결단을 내려야 했다.

그런데 키 크고 부자인데다가 뒷속셈이 없어 보이는 아저씨 B가 나타났다. 그는 방송국에서 만나던 싸구려 양아치들과는 차원이 다른 사람이었다. 아줌마 B는 스포츠신문에 조그만 기사 하나를 남기고 은퇴했다. 'B, 청년 실업가와 화촉.' 짧은 기사였지만 앞으로 아줌마 B의 인생이 순탄할 것임을 잘 요약해 주는 듯한 기사였다.

아줌마 B는 그냥 부잣집 맏며느리가 아니었다. 아줌마 B는 시댁의 구매대행자이자 재산 관리자였다. 수백억이 생겼다 해도 사라진 선산은 또 사야 하니 상당 부분의 재산이 다시 부동산에 묶이게 될 것이었다. 그런데 선산을 사느니 납골당에 모시자고 종친회를 설득한 것이 바로 아줌마 B였다. 아줌마 B는 종친회에 남편을 보내 육촌들에게 현금을 찔러주고, 사촌들을 무력화시키고, 방계들의 입을 막으며 어마어마한 돈을 만들었다.

그 돈으로 K시에 있는 지방 캠퍼스 근처에 빌딩을 사고, 친정 남동생에게 빌딩 관리를 맡겼다. 게다가 아줌마 B에게는 부자들과 결혼한 친구들이 많았다. 친구들은 어딜 사고 어딜 팔라고 늘 충고를 해주었다. 아줌마 B는 이 정보를 가족들과 공유했다.

아줌마 B가 가져온 또 하나의 변화는 벽장 가득히 개켜져 있는 시어머니의 몸뻬 옷을 전부 버린 것이었다. 시어머니는 돈이 있어도 색색가지 몸뻬를 사는 것 외에는 소비를 할 줄 모르는 양반이었다. 아줌마 B는 이 방 저 방을 돌아다니며 헌옷을 모두 버리고, 그 길로 식구들을 데리고 싱가포르에 갔다.

― 한국서 사면 이게 얼마인지 아세요? 이 정도면 싼 거예요, 싼 거. 이건 돈을 쓰는 게 아니라 돈을 버는 거라고요.

아줌마 B는 시누이, 시동생, 시어머니, 시아버지, 남편까지 모두 명품으로 싸 발랐다. 그리고 시누이와 시동생까지 신속하게 무력화시켰다. 시누이는 얼굴을 대폭 고치게 한 후 LA로 어학연수를 보냈다. 그러면서 돈은 한 달에 천만 원씩 부쳐 줄 테니 부잣집 남자만 잡으라고 신신당부 했다.

공부하기 싫어하는 시동생에게는 노는 법이나 배우라고 했다. 문화계 인사들과 안면을 틔우고, 심심하면 독립영화라도 찍으라는 것이었다. 아줌마 B는 시동생에게 놀러 나가라며 현금을 한 뼘 쥐어 내보냈다.

그런데 바로 그날, 시동생이 홍대 앞 술집에서 촌놈이라고, 매너 없다고 잔뜩 무시를 당하고 들어왔다. 아줌마 B는 시동생을 앞세워 당장 그 술집으로 찾아갔다.

― 너희들 사람 잘못 봤어. 여기 하루 매상 최고로 찍은 때가 언제야? 내가 오늘 그때 매상 두 배로 팔아 줄 테니 오늘 이 술집 문 닫아.

아줌마 B는 그날 가게를 통째로 빌려 새벽까지 시동생과 대작을 했다. 시동생은 곧 술집 몇 군데를 찍어 놓고 놀이터로 삼을 수 있었다. "우리 형수님은 정말 돈 쓸 줄을 알아" 하며 시동생 역시 아줌마 B라면 껌벅 죽게 되었다.

시누이는 물 건너보내고 시동생은 술로 무력화되자, 아줌마 B는 아저씨 B네 집안을 한손에 쥔 것 같았다. 아저씨 B가 시동생 단골 술집의 종업원 아가씨를 건드리고 이혼을 요구하기 전까지는 그랬다. 아줌마 B는 아저씨 B를 불러다 담판을 지었다.

이 집 재산을 그동안 하나하나 내 앞으로 돌려 놓았으니, 지금 이혼하면 당신은 알거지 될 줄 알아라. 입 다물고 가만히 있으면 돈은 평생 원 없이 쓰고 살게 해주겠다. 남편은 아줌마 B에게 '도둑년'이라고 하며 기막혀 했다. "내가 호랑이 새끼를 키웠지. 누가 누구 돈으로 누구한테 생색을 낸대?"

아줌마 B는 뒤돌아서 시뻘게진 눈의 눈물을 훔쳤다.

— 이놈의 집구석 고상하게 만들어 보려고 그렇게 애를 써도, 이렇게 촌스러워서야……. 딴 계집이 있어도 감춰야지. 원래 재산 관리하는 마누라하고는 절대 이혼 안하는 게 뼈대 있는 집안 전통 아냐? 졸부는 바람피우는 도리도 마누라가 가르쳐 줘야 하니, 원.

길에서 만난 이야기 7

〈자이언트〉

     이 회사 홍보실에 근무하면서 제일 미운 사람은, 기자도 홍보실장도 아니다. 이 회사에서 제일 얄미운 사람은 끝내주는 기사를 써줄 테니 사람만 대령하라는데도, 죽어라고 말을 듣지 않는 우리 회사 CTO(Chief Technology Officer)님이다.

 우리 CTO님은 IT업계의 제임스 딘이다. 마흔세 살인데 여태 배도 안 나왔고, 당연한 이야기지만 얼굴도 무척 잘생겼다. 무엇보다도 중요한 것은 우리 CTO님이 미혼이라는 것이다. 90년대 IT붐을 타고 벼락부자가 된 사람 중에서 아직도 총각인 사람은 아마 이 사람 하나뿐일 것이다.

 총각이 다 무어냐. IT 벼락부자라면 애 딸린 돌싱이래도 싱싱한 젊은 여자들이 피 튀기게 경쟁을 한다는 사실을 나는 잘 알고 있다. 다시 말해 우리 CTO님은 엄청난 '시장 가치'가 있는 남자란 소리다. "CTO님 웃는 사진이 신문에 실리면 우리 회사 이미지가 훨씬 젊어지

• 제임스 딘이 주연한 1956년 영화. 주인공 제트(제임스 딘)는 텍사스에서 석유를 발견해 큰 부자가 되지만, 사랑하는 여인 레슬리(엘리자베스 테일러)를 얻지 못한다.

고 상큼해질 거예요." 하지만 간곡한 호소에도 CTO님은 인터뷰라면 매번 거절이다.

  CTO님은 인터뷰를 못하는 대신에 MT로 한턱 내겠다며, 홍보실 직원들 모두 안면도에 가서 새우구이나 먹자고 했다. 나는 기분도 꿀꿀한데 새우구이에 와인을 퍼마시고 CTO님께 개꼬장을 부리기로 단단히 마음을 먹었다. 안주 싱싱하고 술은 고급이니 과음은 당연했다.

  "CTO님, 정말 너무하시는 거 아니에요? 왜 그렇게 인터뷰를 싫어하세요? 홍보실 일이 홍보하는 건데 이렇게 도와주질 않으시면 도대체 어떻게 하란 말씀이세요. CTO님 얼굴 한 방 나가면 대한민국 여자들이 줄을 설 텐데요."

  와인에 얼굴이 불그레해진 CTO님이 싱긋 웃으면서 말했다.

  — 여자는 무슨. 난 요새 여자 별로야.

  — 뭔 소리래요. 여자 싫어하는 남자가 어디 있어요. 고자 아니면……. 그러고 보니 CTO님 왜 여태 결혼 안하고 지금까지 혼자 계신 거예요? 고자로 살기엔 너무 잘생기신 거 아니에요? CTO님은 제임스 딘이잖아요.

  — 내가 지금은 제임스 딘 소리를 듣지만 그게 원래 어디서 유래된 별명인 줄 아냐? 잘생겨서가 아냐. 학교 다닐 때 내 별명이 '입 다물면 제임스 딘'이었다고. 내가 원래 전주 촌놈이거든. 입만 열면 서울놈들이 와자그르르 웃어. 내 말의 어디가 이상한지 난 모르겠는데, 말만 하면 촌티가 난다고 입 다물고 있으래. 입 다물면 차라리 얼굴만

봐서 좋다고.
— 그래서 여자 못 사귀신 거예요?
— 아니, 그건 아니고. 좋아한 여자는 있었어. 내가 학교 다닐 때 중앙 도서관에 갔는데 도서관 한 구석에서 빛이 나. 도서관에서 왜 빛이 날까, 하고 살펴보니까 전등이 아니라 어떤 여학생이 있었어. 배우 중에서는 이영애 닮았는데 이영애보다 글래머였지. 귀찮으니까 그냥 이영애라고 부르자.

지금은 내가 재산이 좀 되지. 하지만 그때는 정말 주머니에 땡전 한 푼 없었어. 오십 원이 없어서 산도를 못 사먹었다니까. 데이트를 하려면 어딜 데려가야 하잖아. 그런데 그럴 돈이 없으니 만나는 데가 늘 도서관이었어. 점심이면 도서관 매점에서 만두 한 판 먹고 우유 한 개씩 나눠 마셨는데, 그것도 사실은 내게 부담이 되었어.

90년도인가 내가 군대를 갔다 오니까 다른 남자 만나고 있더라고. 지금도 잊히지가 않는데, 그 해에 대학생들 사이에서 가장 인기가 있었던 노란색 스쿠프를 타는 놈하고 만나고 있었어.

95년도인가 우리 회사가 좀 궤도에 오르고 영애를 다시 만났어. 사귀는 사람 있냐고 물어보니까 있다고 하데. 혹시 나는 어떠냐고 했더니, 픽 웃어. 자기는 당분간 결혼할 생각 없으니 걱정 말고 성공이나 하라고. 그래서 코피 터지게 일하고 있는데 청첩장이 날아온 거야. 결혼할 생각 없다더니, 나 완전 바보 된 거 맞지?

원래 실연을 당하면 술 마시고 울어 주는 게 정석인데, 그때는 하도 바빠서 그렇게도 못했어. 일하다 죽는구나 싶을 정도로 정신없이 살았지. 선이라도 보려고 겨우 마음을 먹은 것이 서른 중반이야. 그런데 아무리 여자를 만나 봐도 영애가 생각나. 이건 진짜 내가 눈이 높은 게 아냐. 땡전 한 푼 없을 때에도 이영애 같은 여자를 만났는데, 돈 왕창 벌었는데 이영애보다 못한 여자를 만나면 내 인생이 억울하지 않아?

우리 회사 홍보실에 있으니까 회사 주가는 알잖아. 우리 회사 주식 중에 20퍼센트가 내 것이란 것도 알겠지. 내 대학교 때 목표가 50억을 버는 거였어. 그런데 그 열 배를 벌었는데도 같이 쓸 여자가 없어. 여자들? 만나면 다 내 돈을 봐. 내 얼굴도 안 봐. 요새 그 회사 주가가 얼마예요? 좀 떨어지지 않았어요? 이렇게 대놓고 묻는다니까.

사실은 작년에 영애를 다시 만났어. 남편이 주식하다가 집까지 날려 먹고 이혼을 했대. 어떻게 사나 걱정이 되기도 하고 그냥 밥이나 한 번 사줄까 해서 만났지. 그런데 사십이 넘었는데도 여전히 예쁘고 우아하더라. 정말 아름다웠어. 우리는 바로 비행기를 잡아타고 같이 삿포로에 스키 여행을 갔지. 정말 이 여자밖에는 없다, 이 여자랑 결혼해야겠다, 그렇게 생각했어.

— 근데 왜 결혼을 안 하셨어요? 말이 안 되잖아요?
— 스키를 탈 때까지만 해도 괜찮았어. 예전처럼 뜨끈뜨끈한 만두도 나눠 먹고 우유를 마시면서 옛 이야기도 하고. 눈밭에서 〈러브 스

토리〉 영화도 찍었지. 문제는 료칸*에 돌아와서였어. 생선회에 아사히 맥주 한 잔 하고……. 아이고, 내가 왜 이런 이야기를 홍보실 사람한테 하고 있지?
— 아니, 그래도 말이 안 되잖아요. 그럼 결혼을 하셨어야지.
— 그게 그런 게 아냐. 그때 영애가 이렇게 말을 하더라고. 그 말이 진짜 깼어.
— 뭐라고요?
— 야, 할까?
— 엥?
— 자기는 이게 아마 어려서 이해가 안 될 거야. 말을 안 해도 서로의 속셈이 다 알아차려지는 그런 순간이 있어. 영애가 나를 바라보는 눈이, 그 눈이 달랐어. 그 눈은 나랑 결혼을 해야겠다는 눈이었어. 이제까지 내가 선을 보면서 숱하게 봐왔던 눈이었지. 깨끗하고 선량한, 예전에 내가 보던 그 친구의 눈이 아니었어.
— 아…….
— 그 길로 나는 그 방을 뛰쳐나왔어. 그리고 그 이후로 다시는 연락하지 않았지.
그때 홍보실장님이 끼어들었다.
— 둘이서 뭘 그렇게 소곤소곤 비밀 이야기를 하세요? CTO님, 그런데 다음 달에 결혼하시는 건 어떻게 보도자료를 낼까요? 역시 포커스를 불우이웃돕기에 축의금을 기증한다는 것으로 맞추는 것이 좋겠

* 일본식 전통 여관.

지요?

나는 순간적으로 이게 무슨 말인가 하여 멍청해졌다. 그런데 홍보실장님은 연이어 나를 충격에 빠뜨렸다.

— 사모님 될 분이 그렇게 미인이시라면서요. 축하드립니다. 띠동갑이라던데 완전 봉 잡으셨어요.

CTO님은 마지막으로 이 한마디를 중얼거렸다. 내게는 평생 잊지 못할 교훈을 준 말이었다.

— 예뻐요. 그런데 솔직히 서른 한 살이면 적은 나이는 아니지……?

아줌마 C

남편이 죽었는지
살았는지 모르는 여자

　　　　　　아줌마 C는 남편이 죽었는지 살았는지 모르는 여자다. 젊었을 적에 아저씨 C는 아줌마 C에게 이렇게 프러포즈를 했다.
　— 나랑 결혼하면 평생 당신 살림만 하고 살게 해 줄게. 아들 하나 딸 하나 낳고 우리 오순도순 행복하게 살자. 나이 들면 시골에 내려가서 조그만 집 짓고 텃밭도 가꾸고.
　가진 것이라곤 달랑 두 쪽 밖에 없는 아저씨 C가 아줌마 C에게 그렇게 허황된 약속을 해도, 그 시대는 또 그런 순진한 프러포즈가 통하는 시대였다. 게다가 아줌마 C가 '살림만' 한 것은 어찌 보면 사실이었다. 아줌마 C는 아저씨 C에게 시집을 와서 시할머니, 시고모, 시부모가 임종을 맞고, 시동생 시누이가 시집 장가를 가고, 하다못해 시조카가 아줌마 C네 집에서 대학을 마칠 때까지 하루 종일 밥하고 빨래를 하며 오직 '살림만' 했다.
　결혼한 지 20년이 지나고 나서야 비로소 끝이 없을 것 같은 '시'자 붙은 사람들의 치다꺼리가 끝났다. 그리고 아줌마 C는 남편의 약속대로 정말로 아들 하나 딸 하나를 낳고 김치찌개를 지지며 오순도순 살고 있었다.

아저씨 C가 시조카에게 서준 빚보증이 제대로 터진 것이 그 무렵이었다. 아줌마 C는 그때부터 남편이 죽었는지 살았는지 모르고 살았다. 아저씨 C는 아줌마 C와 서류상으로는 이혼을 하고, 전국을 돌며 닥치는 대로 일을 했다. 찜질방에서 자면서 트럭운전도 하고 건설 현장에서 노가다도 뛰었다.

아저씨 C는 그렇게 번 돈을 단돈 10만 원이라도 매달 아줌마 C에게 보내 주었다. 그때마다 아저씨 C는 이건 위자료가 아니라 생활비라고, 곧 당신을 데리러 갈 거라고 이야기했다. 아저씨 C는 나이 육십이 가깝도록 사나이 체면을 지키기 위해 쉬지 않고 일했다. 아줌마 C는 이제 남의 집 살림을 살아주며 돈을 벌었다. 요새는 그걸 가사 도우미라고 하고 예전에는 파출부라고 불렀다.

아줌마 C와 아저씨 C에게도 꿈은 있었다.

— 돈이 조금만 더 모이면 고향에 내려가 황토집 짓고 텃밭도 가꾸고……. 둘이 서로 등 긁어주며 오순도순 삽시다. 쌀만 팔면 설마 굶고야 살겠소이까. 기다려 주시오.

아줌마 C는 아저씨 C와의 약속을 소중히 품고 살았다. 물론 좋은 남편은 아니었다. 기회가 있으면 종종 바람도 피웠고, 빚보증으로 집도 날려먹은 남편이었다. 하지만 아줌마 C는 사모님들이 남편 분은 계시냐고 물으면 이렇게 대답하곤 했다.

— 그 화상, 죽었는지 살았는지 모르겠지만 이제 곧 같이 살 거예요.

아줌마 C는 아저씨 C에게 말했다. "애들도 이제 자기 앞가림은 하는데, 그만 낙향합시다." 아저씨 C는 말했다. "내가 요새 신문을 보니 노후 준비로 10억은 있어야 한다는데, 아직은 때가 아니오."

아저씨 C는 어쨌든 자기가 말한 것은 지키는 사람이었다. 청과물 트럭을 몰고 가던 아저씨는 마주 오는 트럭과 정면으로 충돌해 불에 타서 흔적도 없이 사라져버렸다. 그리고 그동안 아저씨 C가 모은 돈과 사망 보상금이 얼추 10억은 되었다.

아줌마 C는 아저씨 C와 이혼을 한 상태였기 때문에 모든 돈은 아들딸 앞으로 떨어졌다. 아들딸은 돈은 우리가 관리하고 매달 용돈을 드리자며 저희끼리 합의했다.

아저씨 C의 사고 소식을 듣고 정신을 놓았던 아줌마 C는 외마디 소리를 지르며 자리에서 일어났다.

— 죽긴 누가 죽었다고 그래?!

아들딸은 아줌마 C가 충격이 너무 컸던 것 같다고 수군거렸지만, 아줌마 C는 자기 생각을 바꾸지 않았다. "시신을 보지 못했는데 누가 죽었다고 그래. 사고 났을 때 창문으로 아슬아슬하게 빠져 나왔을 수도 있는 거 아냐."

아들딸이 주는 용돈을 그 돈을 내가 받을 쏘냐고 물리치며, 아줌마 C는 요즘 다시 가사도우미를 뛴다. 사모님들이 남편 분은 계시냐고 물으면 아줌마 C는 이렇게 대답한다.

— 그 화상, 죽었는지 살았는지 모르겠지만 이제 곧 같이 살 거예요.

아줌마 C는 이혼녀도 과부도 아니다. 남편이 죽었는지 살았는지 모르는 여자다.

아줌마 D

영재 엄마

　　　　　아줌마 D는 영재 아들을 둔 엄마다. 아이큐가 140이 넘는 영재 아들을 두게 된 것이, 아줌마 D가 태교를 잘해서인지, 태어나자마자 모차르트와 미국 대통령 연설 CD를 줄곧 들려줘서인지, 아줌마 D의 시어머니가 꾼 호랑이 태몽이 영험해서인지는 모른다. 하지만 영재 아들이 태어나고 아줌마 D의 인생은 바뀌었다.

　아들이 영재란 게 판명되면서 아줌마 D는 반짝반짝 빛나고 생기 있는 여자가 되었다. 아줌마 D는 늘 정신없이 바빴다. 월수금은 몬테소리에 화목은 영어 과외, 토일은 스페인어와 중국어 수업에 신체발달을 위한 축구 영재교육까지.

　대기업이라도 월급쟁이에 불과한 남편의 월급은 늘 부족했고, 그러면 그럴수록 아줌마 D는 더욱 철저하고 의욕적으로 아들의 전문매니저가 되었다. 아줌마 D의 머릿속에는 아들의 모든 커리큘럼이 있었다. 아줌마 D는 매일매일 아들의 일과를 체크하고, 운전까지 해주는 일정

매니저이자 로드매니저였다.

　아들이 진도를 빨리 나가는 것은 당연한 일이었고, 아들이 조금이라도 남들보다 떨어지는 부분이 있어 보이면, 아줌마 D는 울었다. 아들 D는 공인받은 영재였으므로 아들이 뒤떨어지는 것은 용납할 수 없는 일이었다. 아줌마 D가 울면 아들은 살며시 한숨을 쉬었다.

　영재교육을 받아서 영재가 된 것인지, 영재라서 영재교육을 받게 된 것인지, 어쨌든 아들은 정말 또리방 또리방 했다. 아침에 일어나면 알아서 이를 닦고 이불을 개고 학교에 갔다. 학교에 다녀오면 간단히 손발을 씻고 그림같이 앉아서 책을 읽는 것이 취미였다.

　아들은 온갖 책을 다 읽었다. 중학생 무렵이 되자, 아들은 아버지가 취미로 읽는 삼국지, 엄마가 읽는 육아서, 심지어 몇 십 권짜리 백과사전까지 집안의 글자란 글자는 모조리 읽었다. 요새 고민이 무엇이냐고 물어보면 북한이 핵무기를 개발해서 그게 걱정이라고 했다.

　아줌마 D는 어서 빨리 아들을 특목고에 보낼 날만을 손꼽아 기다리며, 안 먹어도 배가 부른 기분으로 지냈다. 의사를 만들까, 검사를 만들까, 이렇게 잘난 우리 아들 아까워서 장가는 어떻게 보내나. 아줌마 D는 아들 장가보내 놓고 심통을 부리는 시어머니들의 심정을 이해하겠다고 했다.

　하지만 남편은 심드렁했다. 처음엔 '그럼 그렇지, 누구 아들인데?' 하고 기뻐하더니, 날이 갈수록 짜증을 냈다.

　— 당신은 자식만 안중에 있어? 내가 뭘 먹고 뭘 입고 다니는지 관심

이나 있냐고? 온 집안 돈이 다 저 놈 하나한테 들어가. 도대체 우리 오붓하게 여행 한 번 가본 지가 언제야?

남편은 쟁쟁한 부잣집 친구들의 모임에서 단 하나 끼어 있는 중산층이었다. 친구들은 죄다 재벌, 준 재벌 2세로 돈을 펑펑 쓰고 다니는데, 대기업 기획실에 다니는 본인은 명함만 번듯했지 주머니에 커피 값도 없었다. 한 달에 5백만 원씩 벌어 오는 적지 않은 돈이 항상 흔적도 없이 사라지니 아저씨 D는 혈압이 올라 죽을 지경이었다.

— 나도 외제차 사고 싶고, 해외여행 가고 싶고, 명품 옷 한번 입어보고 싶다고. 이러다 나 스트레스 받아 죽으면 당신이 책임질 거야? 저 자식이 의대에 가면 도대체 언제까지 저 자식 뒷바라지를 해야 한다는 거야? 저 자식이 서른 살 될 때까지? 두고 봐! 내 저 자식이 대학만 들어가면 발가벗겨서 내쫓아 버릴 테니.

아줌마 D는 아들이 바라고 바라던 기숙형 고등학교에 들어가자, 이제는 고생 끝이라고 생각했다. 장학금까지 받았으니 더 이상 남편 눈치 볼 필요도 없고, 기숙학교이니 3년간 밥해 줄 걱정도 없고, 거리 한복판에 나가서 세상 사람들에게 내 아들이 이렇게 잘났다고 소리라도 지르고 싶은 심정이었다.

그런데 아들은 기숙학교로 들어가기 전에 마지막으로 닭이나 한 마리 뜯자며 당돌하게 동네 호프집으로 부모를 불러냈다. 열다섯 짜리 영재 아들은 사람들 많은 곳이니 조용하게 이야기하자면서 아줌마 D와 남편에게 속사포로 대못을 쏘아댔다.

— 엄마, 아빠. 이제 내가 떠날 날이 멀지 않아서 한마디 하는데요. 제발 이제 나한테서 졸업 좀 하세요. 내가 집에 있는 육아서 다 읽어 봤는데요. 내가 보기에 엄마 아빠는 둘 다 가정교육을 잘못 받으셨어요. 아빠가 잘나가지 못하는 게 제 탓이에요? 엄마는 나 가고 닦달할 사람 없으면 무슨 낙으로 사실 거예요? 이제 두 분 다 어른이 좀 되시라고요.

"이 새끼가 배은망덕하게……." 오른손을 치켜든 아저씨 D의 손목을, 아들은 한손으로 잡았다. 매주 두 번씩 체력 과외를 받은 아들 D의 힘을 술에 절은 아저씨 D는 당해내지 못했다. 아줌마 D는 손목을 붙들고 서로 낑낑대는 두 남자를 바라보며 맥주 오백을 한 번에 마셨다. '내가 자식교육을 잘 시킨 거냐, 못시킨 거냐…….' 취기가 올라와서인지 아줌마 D는 몹시 헷갈렸다.

아줌마 E   파는 여자

                아줌마 E는 파는 여자다. 팔 수 있는 거의 모든 것을 팔아가며 아줌마 E는 결혼이란 걸 지탱해왔다. 아줌마 E가 돈이라곤 한 푼도 없는 집안에 시집가겠다고 했을 때, 아줌마 E의 친정어머니는 화도 내지 않고 딸을 물끄러미 쳐다보았다. 너 뭘 잘못 먹었냐, 하는 표정이었다.

  죽만 끓여먹고 살아도 이 남자와 살겠다며 결혼식을 치르던 날, 하루 종일 비가 주룩주룩 내렸다. 아줌마 E의 친정어머니는 그 비를 다 맞으며 집을 나가는 아줌마 E를 붙들었다. "부부가 같이 공부하는 유학생 부부로 산다는 것이 어떤 것인지 아느냐. 파혼은 항상 이혼보다 낫단다."

  검은 머리 파뿌리 될 때까지 서로 사랑하고 존중하겠다는 아줌마 E의 결심은 딱 일주일 만에 사라져버렸다. 신혼여행이 끝나고, 미국의 학교에 나란히 복귀하자 모든 상황은 달라졌다. 아줌마 E는 남편이 서른 중반까지 저축해둔 돈 액수가 고작 천만 원이라는 것을 알고 홧술을 마셨다. 아기가 생기면서 아줌마 E의 조교 봉급이 없어지고, 남편의 월급이 반 토막이 되면서 두 사람은 매일같이 싸움이었다.

남편인 아저씨 E는 그걸 싸움이라고 부르지 않았다. 아저씨 E의 정의에 따르면, 그런 것은 열띤 의견의 교환이지 싸움이 아니었다. 경제학을 전공하는 아줌마 E와 법학을 전공하는 아저씨 E가 의견 교환을 하면, 늘 법의 논리가 경제 논리를 이겼다.

장을 보러갈 때마다 아저씨 E의 눈은 동그래졌다. 평생을 검소하게 살아온 아저씨 E는 왜 사람이 '곽 휴지'란 걸 쓰는지, 과일과 채소는 왜 그렇게 다양하게 먹어야 하는지, 아기에게 왜 유모차와 요람이라는 것이 필요한지 이해하지 못했다. 공부하는 사람은 스파게티 면과 토마토 소스만 있으면 살 수 있는 거 아니었냐며 놀라워했다.

아줌마 E는 그때부터 팔았다. 처음 팔기 시작한 것은 전공서적이었다. 지도 교수들이 아줌마 E에게 공부 잘하라고 준 책이 약 2백 권은 되었다. 아줌마 E는 아마존에서 전공 서적의 중고값을 알아보며 고민했다. 하나같이 값나가는 책들이었다.

아줌마 E가 아마존에 판매자 등록을 하고 처음으로 전공 서적을 팔던 날, 아줌마 E는 손끝이 떨리는 것을 느꼈다. 그렇게 2, 3주가 지나자 권당 백 달러 정도의 금액이 통장에 들어왔다. 다음으로는 처녀 때 쓰던 코치 가방을, 배낭여행할 때 샀던 버버리를, 결혼준비할 때 친정어머니가 사 주신 페라가모 구두를, 아버지에게 받은 몽블랑 만년필을, 혼전에 쓰던 금붙이를, 전자사전을 팔았다.

다행인지 불행인지 그렇게 팔고도 아줌마 E의 책장에는 아직도 한국어로 된 책들이 남아있었다. 그 책들은 한국에서 석사 할 때 지도교수가 집필한 경제학원론 책들이었다. 아줌마 E의 책에는 공부 열심히 하라며 교수가 적어준 사인까지 있었다. E는 이런 책들을 팔겠다고 재미 한국인 웹사이트에 공고를 냈다. 책은 잘 팔렸다.

그러나 학위를 끝내려면 아직도 아득한 나날이 남아 있었다. 그때부터 아줌마 E는 팔지 못할 것들도 팔았다. 사보 대필을 하기도 하고 장당 천 원짜리 번역을 하기도 했다. 에로 사이트에 '여자를 흥분시키는 법' 따위의 글도 썼다. 원고료는 늘 늦게 들어왔다.

욕실용품을 파는 B.B.B.(Bed Bath and Beyond)나 분유회사에 개인정보를 제공하고 우편으로 할인 쿠폰을 받기도 했다. 또 재미 한국인 아줌마들이 모이는 웹사이트에 가서 이런저런 할인쿠폰을 보내 줄 테니 우표 5장과 교환하자고 글을 올리기도 했다. 한 번 거래가 이루어질 때마다 아줌마 E는 자본투입 없이 시간 투입만으로 우표 4장을 남겼다.

아줌마 E는 이런 것도 했다. 집 주소를 제공하면 공짜 샘플을 보내주는 미국의 웹사이트를 이용해 면도기, 세제, 커피, 화장품 샘플을 받아냈다. 이웃들에게 부탁해 여러 개의 주소로 샘플을 여러 개 타냈다. 면도기면 면도기, 화장품이면 화장품, 아줌마 E는 공짜 샘플을 모은 후 공짜 우표를 이용해서 그것들을 다시 판매했다. 면 생리대나 털실 수세미를 만들어 팔기도 했다. 아저씨 E는 살림이 어떻게 꾸려지는

지 묻지 않았다. 아줌마 E가 "가계부 보여줄까?" 하면 그저 고개를 절레절레 흔들 뿐이었다.

사람을 거꾸로 매달아 놔도 시간은 흐르게 되어 있다고 아줌마 E는 드디어 박사 학위를 받았다. 그리고 국내의 한 경제연구소에 면접을 보러 한국에 들어오게 되었다. 석사 때 지도교수 K가 후배를 소개해 주겠다며 주선한 술자리에서 아줌마 E는 이제 고생 끝이로구나, 하는 생각에 얼큰히 취해있었다. 그 후배가 E에게 이름이 정확히 '아줌마 E'가 맞느냐고 질문을 하기 전까지는.

― 제가요, 미국에서 공부할 때 한인 사이트에서 K교수님이 쓰신 전공 서적을 샀는데요. 속표지에 "용맹 정진하는 E가 되기를, K"라고 적혀 있더라고요. 이게 우연의 일치인 건지…….

아줌마 E는 그럴 리가 있겠냐며 손사래를 쳤지만, 등에는 식은땀이 흘렀다. K교수는 눈을 감고 말없이 막걸리를 들이켰다.

아줌마 F

순회공연 하는 여자

한국에서 잘나가는 한의사들은 일 년에 한 번 정도 LA, 뉴욕 순회공연을 한다. 신문광고 같은 걸 내지 않아도 입소문으로 모인 아줌마들은 한 집에 모여 침도 맞고 뜸도 뜬다. 아줌마 F 역시 일 년에 한 번 정도 서울로 순회공연을 간다. 아줌마 F가 서울에 뜨면 입국날부터 출국날까지 순회공연 날짜가 좌악 잡힌다.

아줌마 F가 떴다고 하면, 평소 맞고 살던 학교 후배, 남편의 외도로 고민하는 직장 선배, 시앗 본지 오래된 친척 이모님, 불쌍하게 시댁에 쥐여 사는 단골 미장원 아줌마가 차례로 아줌마 F의 친정집에 몰려온다. 아줌마 F는 학교 선배로서, 직장 후배로서, 조카로서, 미장원 고객으로서 기꺼이 봉사를 한다.

아줌마 F의 활약은 다양하다. 바람피우는 남정네 붙잡아서 망신시키기, 통간녀 집에 가서 들부수기, 내연녀 설득해 낙태시키기, 시댁 식구 모아 놓고 훈계하기, 익명으로 남편 회사에 투서 넣기, 남편이 몰래

집 팔지 못하게 사는 집에 가압류 걸기, 가등기 넣기, 변호사 소개시켜 주기, 진단서 떼 주기, 3주 뗄 진단서 5주로 받아내기 등등.

게다가 아줌마 F는 이쪽 분야에서라면 노하우도 수준급이었다. 내연녀 살림을 부술 적에는 리델 와인잔과 빌보 그릇부터 부수되 가급적이면 비싼 옷과 가방 위로 깨진 조각이 와스스 떨어지게 하라든지, 어제 내연녀 살림을 들부쉈으면 오늘은 남편이란 작자가 마누라를 두들겨 팰 확률이 크므로 미리 친정에 애들을 보내 놓고 친정에서 증인을 불러다 놓아야 한다는 것 등이 아줌마 F의 노하우였다.

그런데 그 증인이 여자라면 남편이 아랑곳하지 않고 팰 것이므로 근처 경찰서 지구대에 회를 한 접시 돌려 놔야 할 것이요, 증인이 남자라면 지들끼리 죽이 맞아 술을 마실 것이므로 술상을 봐놔야 한다는 것이 아줌마 F의 귀뜸이었다.

그러나 이런 상식을 몇 개 안다고 해서, 사촌 동생이 조그마한 의원의 원장이라 진단서 떼는데 유리하다고 해서, 아줌마 F가 '요재 선생'이라는 호칭을 얻은 것은 아니다. '요재 선생'은 요재지이(聊齋志異)'의 요재 선생이 아니라 '욕쟁이 선생'이라는 말을 부드럽게 만들어서 부르는 말이다.

아줌마 F의 욕은 들어 봐야 안다. 아줌마 F의 욕은 그냥 욕이 아니라 듣는 사람에게 카타르시스를 주는 욕이다. 한번은 아줌마 F가 친구의 내연녀와 커피숍에서 담판을 지으러 만난 적이 있었다. 어찌 어찌하다 보니 쌍방 폭력으로 경찰서 지구대까지 끌려갔다. 내연녀가 아줌

• 요재가 기록한 기이한 이야기라는 뜻으로, 청나라 초기에 포송령이라는 사람이 쓴 중국의 유명한 괴담집이다.

마 F의 **뺨**을 먼저 쳤다고 했다. 나는 말로 풀자고 했는데 저쪽에서 먼저 **뺨**을 치더라는 아줌마 F와, 절더러 '병신'이라고 불렀다는 새파란 년이 맞붙었다.

병신. 이 말에 '새파란 년'이 왜 그렇게 팔팔 뛰는지 아무도 헤아리지 못할 일이었다. 지구대 경찰들은 "아가씨가 너무 예민하시네유" 하며 킬킬거렸다. 이 말은 아줌마 F의 입에서 나오는 말을 직접 들어 봐야 안다. 아줌마는 단지 이 한마디를 던졌을 뿐이다.

— 비응~신.

참고로 이 '비응~신'은 새파란 년이 다음의 대사를 주절주절 친 후에 나왔다. "그분의 가정이 소중하기 때문에 전 사랑을 이루지 못하고 마네요. 사랑을 이룰 수 없다면 돈이라도 받겠어요."

아줌마 F의 설명에 따르면 욕은 분량이 중요한 것이 아니라 효과가 중요하며, 타이밍이 중요한 것이지 내용이 중요하지 않다고 했다. 새파란 년을 돌아버리게 하는 데에는 단 한마디의 욕이면 충분했다. 쌍방 폭력으로 들어갔어도 초범이면 벌금으로 충분하며, 게다가 쌍방 폭력이기에 합의면 된다는 것을 아줌마 F는 알고 있었다.

이런 예는 다만 빙산의 일각일 뿐, 아줌마 F의 욕은 넓고도 깊었다. 상대가 강하면 강할수록 아줌마 F의 깊이는 드러났다. "식이~발~년. 보지 팔아 밥 먹는 년이 보지 장사 시마이(마무리) 된 것도 몰라? 이 집 망해서 저 화상 자지 털어 이 잡아 먹은 지가 삼 년이다. 왜 꼭 잡아도 돈 없는 좆을 잡고 난리냐? 너도 새끼 있냐? 어매가 보지 팔아먹고 산다고 광고해라."

 아줌마 F는 욕만 잘하는 게 아니라 그 욕이 사리에 딱딱 맞았다. 아무리 사나운 시댁도 아줌마 F의 말을 듣다 보면 자기도 모르게 고개를 숙이게 되었다. 사람들은 아줌마 F를 일컬어 토크쇼 사회자를 해도 될 정도로 말 잘하는 여자라 했다.

 아줌마 F는 이미 오래 전부터 미국 시민권을 가지고 있었다. 3주 정도 이렇게 해결사 노릇을 하다가, 문제가 생기면 미국으로 떠버리면 그만이었다. 남아있는 아줌마들은 나는 도통 모르는 일이라고 도리질을 했다.

 ─ 근데 넌 지치지도 않냐? 내 딸이지만 정말 욕 하나는 끝내준다. 여기저기 욕 바가지 퍼주고 다니면 뭐가 생기냐?

 오래간만에 친정이라고 와서 밤낮 밖으로만 도는 딸에게 칠순의 노모가 쏘아붙였다. 그런데 아줌마 F의 눈에서 갑자기 눈물이 흘렀다.

 ─ 엄마, 모르는 소리 하지 좀 마. 내가 한국에서라도 욕 안하면 어디서 하게. F서방이 미국년이랑 바람난 지가 벌써 한참인데, 그년한테는 영어가 딸려서 삼강오륜이 어쩌고 따지지도 못해. 그래서 그년 머리채라도 잡으려고 하니까 미국은 법이 엄해서 그러면 큰일 난대. 그러니 어떡해. 여기라도 와서 풀어야지. 안 그럼 난 어떻게 살아.

길에서 만난 이야기 8

못생긴 그녀

부부동반으로 여고 동창회에 가는 길이었다. 남편은 약속 장소인 호텔까지 가면서, 날더러 입 다물고 있다 입 다물고 오라고 했다.

— 당신, 나를 뭘로 보는 거야? 내가 할 말 안할 말도 못 가리는 아줌마로 보여?
— 그런 게 아니야. 세상에는 말 한마디 때문에 별일이 다 생기니까 그러지.

남편은 운전을 하면서 다음과 같은 이야기를 들려주었다.

그러니까 내가 처음 취직을 했을 무렵이야. 내 친구가 결혼을 한다고 우리 과 동문 홈페이지에 글을 올렸어. 그래서 나는 기쁜 마음에 이렇게 댓글을 달았지.

「이야! 축하한다. 그때 그 A대 교육학과 아가씨지? 그 아가씨 정말 착해 보이던데.」

문제는 그 친구가 결혼할 여자가 그 아가씨가 아니었다는 것이었어. 친구는 그 교육학과 아가씨와 상견례까지 갔다가, 전라도 출신이라는 이유로 예비 처가에서 불합격을 먹고 말았지. 친구는 금세 다른 여자를 사귀고는 '우리 결혼해요~' 하고 공고를 띄운 거였어. 그런데 친구와 결혼할 여자가 그만 내 댓글을 보고 만 거야.

　친구와 결혼할 아가씨는 내게 이메일을 보내서 그 여자가 도대체 누구냐고 추궁을 했어. 정말이지 피가 마르더군. 내가 말 한마디 잘못하는 바람에 혼담이 깨지게 생겼으니. 친구와 결혼할 아가씨는 그 여자가 예쁘냐 안 예쁘냐, 뭐 하는 여자냐 꼬치꼬치 캐물으면서, 분해서 잠이 안온다고 했어. 전에 사귀던 여자가 있었다고 오빠는 입도 벙긋한 적이 없다면서.

　생각다 못해 나는 A대 교육학과 졸업앨범에서 가장 못생긴 여자 사진을 골라서 스캔해서 보내 줬어. 그 사진을 보더니…… 친구와 결혼할 아가씨는 너무 너무 좋아했어. 결혼식은 무사하게 치러졌지.

　문제는 우리 과 동창회 때 생겼어. 졸업 20주년 기념 부부동반 동창회였지. 아마 당신도 기억이 날거야. 그날 그 친구는 마나님 모시고 행차를 하셨는데, 루이비통에 다이아 반지까지 돈 냄새나게 한껏 꾸미고 왔더군. 그런데 우리 동기 중에서 한 놈이 모시고 온 안방마님이, 아뿔싸 예전에 그 못생긴 여자가 아니겠어.

　생각해 보면 놀랄 일도 아니지. 우리 과는 원래 그 대학 출신들이랑 많이 결혼하기로 유명하니까. 문제는 그 못생긴 여자가 결혼한 놈이,

동기 중에서 제일 잘나가는 놈이었다는 거야. 잘 되어봤자 대기업에 들어가서 월급쟁이로 깨작대는 놈들하고는 달리, 걔는 부모님 돈으로 대학가 앞에 갈비집을 차려서 한 달 매출이 우리 일 년 연봉하고 맞먹는다고 했어. 그날 술값 밥값도 걔가 냈지. 그 못생긴 여자는 그날 어느 부인이 하고 온 것보다 더 값나가는 보석들을 주렁주렁 걸치고 왔고 말이야.

얼마 후에 나는 그 친구에게서 이메일을 받았어. 동창회에서 무슨 일이 있었는지, 그날 이후 마누라가 우울증에 걸렸다고. 문제는 어디서부터 어떻게 기분을 풀어 줘야 할지 모르겠대. 이제 와서 그 못생긴 여자가 그 여자가 아니었다고 말할 수도 없고……. 아무튼 내 친구는 앞으로 부부동반 동창회에는 안 나가겠대.

이게 전부 내가 쓴 댓글 한 줄 때문에 생긴 일이야. 그러니 행여나 동창회 가서 너 예전에 사귀던 남자 어떻게 되었느냐고 묻지 마. 우리 남편 잘나간다고도 못나간다고도 하지 말고. 그냥 입 다물고 있다가 입 다물고 오라고.

아줌마 G

호상好喪 치른 여자

　　　　　　아줌마 G는 호상 치른 여자다. 세월이 좋아져서 요새는 예순도 청춘이요, 여든 아흔은 되어야 호상 축에 든다고 말하지만, 아줌마 G가 호상을 치렀다는 데에는 아무도 이의를 제기할 수 없을 것이다. 아줌마 G의 시어머니는 백 살을 채우고 세상을 떠났기 때문이다.

　겨우 만으로 스물두 살이 되던 해에, 아줌마 G는 교대를 졸업하고 아저씨 G와 결혼했다. 아줌마 G는 그때까지 손에 물 한 방울 묻혀본 적이 없는 여자였다. 여자가 음식 솜씨 좋아 봤자 밥할 일밖에 없으니, 그 시간에 소설책이나 읽으라는 친정어머니 덕분이었다.

　아저씨 G는 아줌마 G보다 일곱 살이나 많고, 시골에서는 드물게 일류대를 나와 세상 물정을 잘 아는 남자였다. 아저씨 G는 외국에는 이런 문물이 있고 한국 정치는 이렇게 돌아간다며 아줌마 G에게 세상 돌아가는 이야기를 많이 해주었다. 시골 P읍에서 사르트르와 고흐에 대해 이야기를 나눌 수 있는 남자는 아저씨 G밖에 없었다. 세상물정을 잘 아는 아저씨 G의 미래는 창창해 보였다. 아줌마 G의 눈에는 아저씨 G가 연애소설의 남자주인공과 좀 비슷하게 보였다.

  아줌마 G의 실수는, 입맛이 까다로운 시부모가 있으면 고흐에 대해 이야기를 나눌 시간이 전혀 없다는 것을 몰랐다는 것이다. 아줌마 G는 하루 종일 밥상을 차리고 설거지를 해야 했다. 시아버지는 입맛이 지극히도 고상해서 여러 가지 맛을 조금씩, 매번 상큼하게 보여줘야 했다. 시아버지는 배가 부른 것도 싫어했다. 배가 부르면 그만큼 다양하게 맛을 느낄 기회가 없어지니 아깝다는 것이었다.

  시아버지는 첫술은 반드시 시원한 물김치와 같이 들었다. 그리고 둘째 술은 뜨거운 국맛을 가늠하는 데 썼다. 셋째 술은 나물이 얼마나 본때 있게 무쳐졌는가를 보고, 넷째 술은 고기와 같이 입안에 넣고 꼭꼭 씹으면서 음미했다. 시아버지의 반상기는 특별히 은에다 칠보를 넣어 맞춘 것이었다. 각각의 반찬 그릇은 꼭 한두 번만 젓가락질을 하면 될 정도로 작았다. 그러지 않으면 열두 가지 반찬을 고루 맛볼 수 없기 때문이었다.

  시아버지는 은숟가락이 충분히 반짝거리지만 않아도 밥상을 엎었다. 보이는 은숟가락 하나 깨끗이 관리를 못한다면, 시부모가 안볼 때 앉히는 밥은 얼마나 더럽게 지었겠느냐는 것이 시아버지의 지론이었다.

  시어머니는 시아버지만큼 다채로운 밥상을 원하지는 않았다. 다만 반드시 정해진 시간에 밥을 먹기를 원했다. 아침 7시, 낮 12시, 저녁 6

시 정각에 밥을 먹는 것이 시어머니의 건강비결이었다. 밥을 먹고 나면 시어머니는 반드시 비타민을 먹었다. 그리고 저녁 7시에는 근처 운동장에서 천천히 3킬로미터를 걸었다. 간이 짠 것, 매운 것, 단 것을 올리면 시어머니는 누굴 죽일 셈이냐며 밥상을 다시 차리라고 했다. 조미료는 적게 쓰고 재료 자체만으로 맛나게 밥상을 차려야했으므로 아줌마 G는 수산 시장과 청과물 시장을 종횡무진 했다.

시어머니는 밥을 달라 할 때 다만 이 한마디를 했다. "밥." '밥' 소리가 떨어지고 5분 안에 밥상이 차려지지 않으면 온갖 험하고 비위 상하는 말들이 쏟아졌다.

  — 선생 며느리 들어오더니 밥도 못 얻어먹고 살겠네. 이 집에서 나 굶어 죽으면 제사상은 좀 차려주소.

'밥' 소리가 떨어진 후 5분 안에 밥상을 차려야 했기 때문에, 어떤 때는 주걱을 찾을 시간도 없었다. 아줌마는 그럴 때는 주걱이 아니라 손으로 밥을 펐다. 밥이 뜨거워 손이 데이는 건 문제가 되지 않았다. 매일매일 끼니를 넘기는 것이 중요했다. 주걱으로 푸나 손으로 푸나 먹는 사람들은 알지 못했다.

식탐이 심했던 시아버지는 비교적 일찍 죽었다. 여든일곱의 나이로 죽었으니 말이다. 시아버지가 죽고 나자 아저씨 G는 매양 처량한 소리를 토했다.

  — 난 이제 고아다, 고아. 우리 어매 이제 살면 얼마나 사실끼고.

아줌마 G가 예순 줄에 들어서면서 아줌마 G가 가끔 친구들 모임

때문에 밥상을 못 차리면 아저씨 G는 아줌마를 이렇게 달달 볶았다.

— 니 인생 그렇게 살지 마라. 그래도 우리가 더 살지 어매가 더 살까? 니가 앞으로 어매 밥상을 차리면 몇 번이나 더 차리겠나? 다른 여자들도 다 그러고 산다. 우리 먹는 상에 숟가락 하나 더 놓는 것 갖고 되게 생색내네.

  6월의 어느 더운 날이었다. 아저씨 G는 어머니가 곧 아흔 살을 채운다고 호텔을 알아본다, 케이터링을 시킨다 호들갑을 떨었다. 그런데 시어머니는 오뉴월에 족욕을 하다가 뇌졸중으로 쓰러졌다. 쓰러진 후에도 시어머니는 쉽게 죽지 않았다. 시어머니는 아줌마 G의 푼돈까지 낱낱이 알겨먹고, 병상에서 10년을 채우고 비로소 죽었다. 춘추 백세였다.

  병원 장례식장에서 12시까지 문상객들을 맞았다. 누구나 호상이라고 했고, 오가는 조문객의 얼굴도 밝았다. 아저씨 G는 나이 일흔아홉에 고아가 되었다며 펑펑 울었다.

  아줌마 G는 친구들과 긴 여행을 떠나기로 했다. 보성 녹차밭에 가보고 싶었다. 동해 일출도 보고 싶었다. 푸른 바다에 붉은 해가 떠오르는 장면을 보며 친구들과 소주를 한 잔 하고 싶었다. 오야(여행계 계주)에게 돈을 입금하고, 내일이면 소풍 간다고 식구들에게 말해 놓고 짐을 싸고 일찌감치 잠자리에 들었다. 아줌마 G의 가슴은 두근두근 설레었다.

  그날 저녁 아줌마 G는 죽었다. 심근경색. 일흔둘이었다.

아줌마 H

하녀

　　　　　　아줌마 H는 하녀다. 엄친아인 아들이 엄친딸을 만나서 상견례를 치르던 날, 사부인 될 사람이 조심스럽게 말을 꺼냈다. "얘가 자기 방도 치워 본 적이 없어서요. 보내기는 보내는데 걱정입니다."

　"제 아들놈도 그렇습니다. 어지르고 살라 그러지요 뭐." 아줌마 H는 호기롭게 대답했다. 아줌마 H의 며느리는 공부밖에는 해본 것이 없는 처자였다. 대학 때는 전액 장학금을 받았고, 졸업 전에 굴지의 컨설팅 회사에 취직을 했다.

　아들과는 같은 직장에서 만났다고 했다. 아들놈은 "엄마, 쟤가 나보다 일 잘해요"라고 자랑스럽게 말했다. 같은 회사 동기들 중에서 두각을 나타낸 것은 실력만이 아니었다. 미색은 스튜어디스 뺨을 쳤다. 어디 하나 모자라는 것이 없었다.

　바보 멍청이도 하는 것이 살림인데 똑똑한 따님이 살림을 못할 리가 있겠느냐, 일 년만 같이 살면 내가 며느리를 살림의 달인으로 만들어 놓겠다고 아줌마 H는 호언장담했다. 그렇게 아들 부부는 아줌마 H의 집 이층에 신혼둥지를 틀었다.

그때부터 아줌마 H는 고3 수험생을 둘 둔 학부모가 되었다. 며느리는 아침에는 커피 한 모금만 머금고 나가고, 저녁에는 야근이 대부분이었다. 파김치가 되어 늦게 들어오고, 땀에 젖은 옷만 허물을 벗고 잤다. 우리 딸은 방 한 번 치워본 적이 없다는 사부인의 말은 한 점의 거짓도 없이 사실이었다. 방을 치울 시간조차 없어보였다.

정장 드라이클리닝을 맡기는 것도 시간이 모자라서 허덕허덕했다. 속옷 빨래가 서랍에 아무렇게나 처박혀 있는 것을 발견하기도 했다. 출장이 잦은 아들네 부부는 신혼방을 호텔방처럼 쓰는 듯 했다. 신혼호텔의 메이드는 물론 아줌마 H이었다.

지들끼리 살게 놔두면 아침밥이나마 챙겨먹던 아들까지 굶을 것이 뻔했다. 아줌마 H는 아들만 불러다 아침을 먹일 순 없었기에 며느리도 불러다 밥을 먹였다. 아들 양복만 세탁소에 맡길 수는 없었기에 며느리 정장도 같이 맡겼다. 그래도 그렇게 아니꼽지는 않았다.

아줌마 H가 진짜 아니꼬웠던 것은 남편인 아저씨 H였다. 아저씨 H는 천하절색 며느리를 얻었다며 새 장가라도 간 양 싱글벙글 이었다. 며느리가 모처럼 아침밥을 먹어주시겠다고 아래층으로 나들이를 할작시면, 남편은 가발에 물을 묻혀 바르고 향수도 뿌렸다. 우리 공주님 야근하느라고 입맛이 없을 텐데 어쩌나. 아저씨 H는 걸핏하면 아줌마

H를 타박했다.

— 이 밥상 꼬락서니 좀 보지. 주변머리 있는 여자면 염천에 고생하는 며느리 생각해서 고깃국이라도 챙겼겠구만. 만날 먹는 된장찌개에 오이소박이, 이거 뭐 젓가락 갈 곳이 있어야지?

그래, 젊은 년이 좋긴 좋지. 그렇다손 치더라도 천하의 짠돌이 아저씨 H가 며느리에게 신용카드를 주면서 쓰라고 할 때에는 아줌마 H도 조금 놀랐다. 옷이 많지 않아서 컨설턴트 며느님 체면이 서지 않으니 백만 원 한도 내에서 마음껏 옷을 사라는 것이었다. 며느리가 중진급으로 승진을 하자, 아저씨 H는 술집 하나를 통째로 빌려 고등학교 동창들과 기분을 냈다.

2백만 원 넘는 술값이 청구서로 날아오던 날, 아줌마 H는 진지하게 아들의 분가를 고민했다. 말이 며느리지 시앗이 따로 없었다. 언니는 같은 여자로서 자존심 상하지도 않냐, 그 나이에 왜 하녀 취급 받으며 사느냐고 여동생이 들쑤셔댔다. 고민하고, 상의하고, 분개하고, 그러나 몇 달이 지나도 아줌마 H는 제자리였다. 여동생이 물었다.

— 언니, 도대체 왜 그러슈? 걔들이 돼지우리에서 살든 말든 상관하지 말아.

아줌마 H는 웅얼웅얼 말했다.

— 나두 비누 냄새 나는 젊은 남자랑 살고 싶다야. 울 아들 없으면 누구 먹으라고 신이 나서 쌀을 씻겠냐.

아줌마 I

대를 이은 여자

　　　　　　　아줌마 I는 가까스로 아줌마가 되었다. 나이 마흔까지 결혼을 못한 이유가 얼굴이 약간 못생겨서인지, 몸이 조금 퉁퉁해서인지, 집안이 시원찮아서인지, 아줌마 I는 모른다.

　피아노 선생을 하며 먹고 살 수는 있었다. 먹고 살다 보니 시간이 지나갔고, 그러다 보니 I를 원하는 남자들은 점점 사라져갔다. 그러다가 마흔이 되었다. 우울했다. 부모 친척들은 결혼 안할 거냐고 빚쟁이처럼 닦달했다. 이놈의 한국사회는 도대체 비혼을 인정하지 않는다니까, 하고 I는 투덜댔다. 마음을 잡기 위해 I는 교회에 열심히 나가기 시작했다.

　새벽기도, 수요예배, 금요예배, 토요 성경공부, 일요 오전 오후 예배를 나가면서 아줌마 I는 교회의 준 집사가 되었다. 신앙심이 끝내주는 아까운 처자가 결혼을 안 하고 있다고 집사님들이 안타까워했다. 안타까워하는 집사님 중에서 한 할머니가 I에게 넌지시 말을 붙여왔다. "I는 참 요즘 사람 같지 않네. 어른에게 깍듯하고 신앙심도 뜨거운데 남자가 없어? 세상 남자들 다 눈이 삐었지. 그래 결혼할 생각은 있고? 형제는 어떻게 되시나."

학 같이 곱게 늙은 할머니였다. 할머니에게는 외아들이 있었다. 아들은 미국에 MBA를 다녀왔는데, 지금은 각종 미국 입시 에세이를 고쳐 주는 일을 하고 있다고 했다. 대기업 과장 연봉 4천만 원 받아서는 MBA 학비와 돈돈이 안 맞는다는 것이었다. 강릉이니 전주니 지방을 돌면서 미국 입시 과외도 해주고 에세이 강습도 해주면 한 달에 돈 천만 원은 우습다고 했다.

남자의 나이는 오십. 사십의 피아노 교사와 오십의 미국 에세이 첨삭 교사가, 그렇게 안 맞는 짝은 아니었다. 게다가 학 할머니는 알부자로 소문이 자자했다. 칠십이 넘은 내가 재물에 연연하겠느냐며, 아들만 낳아주면 보석으로 머리끝부터 발끝까지 덮어주겠다고 장담을 했다.

인생 마지막 찬스라고 생각했다. 결혼 날짜를 불과 일주일 앞두고 남자의 이런 말을 듣기 전까지는 그랬다. "서로 나이가 꽉 차서 만나는데 둘이 100퍼센트 맞을 수가 있겠어? 요즘은 결혼하고 나서 바로 혼인신고를 하지 않는 사람들도 많더라. 가능하면 첫 애를 낳고 나서 혼인신고를 하면 어때?" 뭔가 이상하다고 생각했을 무렵에는 이미 내일이 결혼식이었다.

결혼 직후부터 아들 낳으라는 압박이 심했다. 침도 맞고 뜸도 놓았다. 한약도 먹고 온몸을 주물러도 보았다. 비방이란 비방은 다 써서 아줌마 I는 정말로 임신을 했다. 떡두꺼비 같은 아들을 낳고 누워있는데 출생신고가 되지 않았다. 아기가 혼인 외 관계 출생이라 아줌마 I가 직접 와서 신고를 해야 한다는 것이었다.

아줌마 I는 아직도 혼인신고가 안 되어 있느냐고 고래고래 소리를 질렀다. 남자는 "사실은……" 하고 입을 뗐다. 남자가 돈을 잘 버는 것은 사실이었다. 남자의 어머니가 알부자인 것도 사실이었다. 그리고 돈 잘 버는 남자들이 대개 그러하듯이 남자에게는 처가 있고 두 딸이 있었다. 처와 두 딸은 캐나다에서 유학을 하고 있었다. 남자는 다만 그것을 아줌마 I에게 이야기하지 않았을 뿐이다.

시어머니는 아줌마 I에게 하소연했다. "우리 집안이 어떤 집안인데 대를 끊어야 하겠느냐. 아들 못 낳는 것도 칠거지악인데 진작 쫓아내야할 계집을 못 끊어서 이렇게 되었다. 너를 씨받이로 데려온 게 아니다. 당연히 네가 정처가 되고 말고." 사과의 뜻이라면서 시어머니는 보석을 바리바리 안겼다. 그러고도 혼인신고는 되질 않았다.

견디다 못한 아줌마 I가 남편을 볶아 캐나다에 전화를 건 것은 아들이 한 살이 넘어서였다. 저를 간통으로 넣고 싶으시면 남편과는 자동으로 이혼을 하셔야 하는 것은 알고 계실 테고, 이혼을 하면 양육비를 제대로 못 받을 것을 각오하시라, 하고 아줌마 I는 본처에게 말했다. 본처는 경제적 능력이 없었다. 매달 아이들 유학비만 꼬박꼬박 대준다면야 당장 이혼을 하겠다고 본처는 말했다. 아줌마 I는 자기도 모르게 시어머니가 하던 말을 되풀이했다.

— 너무 섭섭해 하지 마세요. 이 집안이 어떤 집안인데 대를 끊어야겠

어요? 아들 못 낳는 것도 칠거지악인데.
전화기 너머로 본처가 픽 하고 웃었다.
— 아줌마, 아줌마 시어머니가 어떤 여잔지 알아요? 첩이예요 첩. 가문을 첩이 잇는단 소리는 또 처음 듣네요.

아줌마 J

계주하는 여자

아줌마 J의 직업은 계주다. 계주가 어떻게 직업이 될 수 있느냐, 계는 불법이 아니냐, 이런 질문을 던지는 것은 아줌마 J에게 무의미하다. 그런 팔자 좋은 소리는 먹물들이나 하고 있으라고 놔두면 된다. 아줌마 J는 그런 거 안 따지고 20년 동안 계주로 먹고 살았다. 아줌마 J가 계를 안 하면 아줌마 J네 식구들은 온 식구가 밥을 굶는다.

계로 어떻게 밥을 먹고 살 수 있느냐고 물어볼 사람이 있겠다. 그리고 아줌마 J의 남편은 뭐하는 사람인지 궁금해할 것이다. 아줌마 J의 남편 아저씨 J는 사업을 하는 사람이다. 계주를 하려면 신용이 있어야 하기 때문에, 아줌마 J는 늘 남들에게 아저씨 J의 사업이 잘된다고 한다.

하지만 아저씨 J가 어떤 사업을 어디에서 하는지는 아줌마 J도 잘 모르고 자식들도 잘 모른다. 무슨 공기청정기를 팔기도 하고 정수기를 팔기도 한다. 다단계 비슷한 것을 하는 것 같기도 하고, 일자리 찾는 사람들 일자리를 주선해 주는 것 같기도 하다.

어쨌든 중요한 것은 아저씨 J가 아줌마 J에게 20년째 생활비를 갖다 주지 않는다는 것이다. 아줌마 J는 그래서 계를 했다. 성당 부녀회 사람들 중에서 남편의 직장이 탄탄한 여자들을 12명 모아 꽤 큰 규모의 계를 꾸린 것이 벌써 20년째다.

적당한 규모의 계 하나를 돌리면 계주는 5백만 원 수입을 가져갈 수 있다. 관건은 계가 깨지지 않는 것이다. 따라서 아줌마 J는 바쁘다. 다른 집 살림살이가 어떻게 돌아가나, 살림이 피나 지나를 늘 살펴보고, 어떤 여자를 계에서 제외시키기도 하고 넣기도 하면서 계를 관리감독한다. 다른 집 숟가락이 몇 개 있는지 무슨 반찬을 해 먹는지까지 알아야 하는 것이 바로 계주다. 이런 걸 유식한 말로는 '모니터링' 한다고 한다.

아줌마 J는 계원들에게 계만 돌리는 게 아니라 물건도 판다. 남편이 정수기를 팔면 정수기를, 베트남산 쥐포를 팔면 쥐포를, 김치냉장고를 팔면 김치냉장고를, 화장품을 팔면 화장품을 판다. 김치냉장고는 한 집당 두 대씩 팔았다. 그렇게 판 수당은 아저씨 J가 아니라 아줌마 J가 가진다.

아줌마 J가 계를 해서 한 달에 남는 돈이 40만 원 꼴, 여기에 계원들에게 이것저것 팔아 챙기는 돈을 합치면 그럭저럭 네 식구 쌀 팔아먹고 살 생활비는 떨어진다. 아줌마 J는 소소하게 사채도 돌렸다. 사채를 돌려서 목돈을 모으고, 목돈을 모아서 전세 끼고 조그만 주택을 샀다.

주택 가격이 오르자 아줌마 J는 근 3억 원을 모은 셈이 되었다.

　아줌마 J가 결혼을 한지도 어언 33년이 되고 애들도 어지간히 커서 한숨 돌리게 되자, 아줌마 J는 생전 처음으로 물 건너 중국으로 여행을 갔다. 계원들과 같이 떠난 여행이었다. 아줌마 J는 이런 기회를 놓칠 수 없다면서 중국산 농산물도 좀 샀다. 중국어 배운 적은 없어도 '뚜오샤오(얼마예요)' 정도는 할 줄 알았다. 한참을 '타이꾸이(비싸요)' 하며 흥정을 하고 있는데, 글로벌 로밍으로 딸에게서 전화가 왔다. 아빠가 사기를 당했다고 한국에 와서 수습을 해야 한다는 것이었다.

　아저씨 J가 겉으로 남고 속으로 밑지며 사업체를 굴리고 있다는 것은 알고 있었지만, 경리가 통째로 들어먹고 나를 때까지 아무것도 몰랐다는 사실은 아줌마 J는 정말 몰랐다. 아저씨 J가 그렇게 만들어 놓은 빚이 3억이 조금 넘었다.

　— 그래? 엄마가 알아서 할게. 나중에 전화하자.

　남편 사업 망했다는 소문이 나면 계주가 계주를 해먹을 수가 있나. 아줌마 J는 얼굴빛 하나 변하지 않고 태연자약하게 전화를 끊었다. 머릿속으로는 앞으로 계를 몇 개를 더 굴려야 먹고 살 수 있나를 계산하면서.

길에서 만난 이야기 9

미친 여자

　　　　　　　　　　교수가 되기 위해 잡마켓(job market)에 나간다는 것은, 본질적으로 노가다 인력 시장에 나가는 것과 비슷하다. 가격과 품질을 서로 맞추고 조건을 협상한다. 장소가 노천 시장이냐 힐튼 호텔이냐만 다를 뿐이다. 일 년에 한 번 열리는 큰 컨퍼런스에 가면, 하얏트 한 개 층을 통째로 빌려서 시장(market)으로 만든다.

　방방마다 6개의 큰 탁자가 놓여 있는 곳에서 지원자들은 30분에 한 번씩 면접관들과 마라톤 인터뷰를 한다. 아침 8시부터 저녁 6시까지 나흘 동안, 지원자들은 식사 시간을 빼고는 거의 모든 시간 인터뷰를 한다고 생각해야 한다. 인터뷰를 하지 않고 있는 시간에도 면접관들이 지원자들을 계속 쳐다보고 있으니 말이다. 대개 면접관들은 5년에서 10년 정도 된 교수들이다.

　그해 나는 직장을 가져야만 했다. 뱃속에는 6개월 된 애가 있었고, 남편은 박사 과정을 막 시작한 참이었다. 올해 직장을 잡지 못하면 내

년에 먹고 살 견적이 안 나왔다. 하지만 잡마켓에는 직장을 가져야만 하는 사람들로 우글거렸다. 논문을 출판한 경험이 있고, 박사논문이 비범하며, 출신학교가 우수한 사람들은 리서치 원(Research One)* 학교의 교수들이 있는 탁자에서 당당히 인터뷰를 하고 점심을 먹으러 갔다.

임신을 하면 방광이 눌리기 때문에 화장실에 자주 가야했다. 화장실에서 얼굴을 뜯어보니 몰골이 한심했다. 입 주변은 부르트고 임산부용 정장은 옷태를 전혀 살려주지 못하고 있었다. '이것보단 날렵해 보여야 하는데……' 나는 한숨을 쉬었다.

그때 학계의 거물인 R교수가 화장실에 들어왔다. R교수는 그냥 대가가 아니고 학계의 판도를 바꾸는 페이퍼(seminal paper)를 쓴 사람이었다. 그 논문으로 인해 학계에 한 학파가 생겼다. 논문이 발표된 지 18년이 되었지만 아직도 그녀의 논문은 '가장 많이 인용되는 논문' 1위를 지키고 있었다. 그녀의 논문은 기존에 혼란스럽게 쓰이던 개념을 날카롭게 추려낸 뒤, 자기만의 독창적인 해석을 붙여서 화제가 되었다.

당시 내게 R교수는 여신처럼 보였다. 몸은 샤넬 트위드 재킷에 맞춘 것 같이 날씬했고 허리는 곧았다. 얼굴에는 관록이 보였으나 눈매가 여성스러웠다. 왜 그랬는지 모르겠지만, 나는 마치 거지처럼 R교수에게 따라붙었다.

— 당신의 그 유명한 논문을 읽었는데 정말 훌륭하더군요. 예전에 당신이 주최한 워크숍에도 참석한 적이 있었는데…….

R교수는 여왕처럼 우아하게 말했다. "고마워요." 나는 다시 말했다.

---

* 미국의 연구중심 학교(research school)에서도 가장 상위 그룹(tier 1)에 속하는 대학들

— 자식이 셋이라고 들었는데, 어떻게 그런 논문을 쓰면서 아이를 세 명이나 기를 수 있었나요? 보시다시피 전 지금 임신 중인데요. 어떻게 연구와 양육을 같이 할 수 있는지 모르겠어요. 제 주변의 리서치 스쿨의 여자 교수들은 하나같이 하는 말이, 가족과 직장 사이의 균형이란 건 없다고, 그저 연구에 미쳐야 한다고 했어요.

R교수는 웃었다. R교수의 흥미를 끈 건 내 말의 마지막 구절인 것 같았다. 그녀는 나에게 잠깐의 시간을 할애하기로 한 것 같았다.

내가 아이비리그 대학에서 처음 직장을 잡은 것은 이십 년 전쯤 일이에요. 나는 두 아이를 낳은 상태였고 셋째를 임신 중이었지요. 나는 주중에는 학교에서 강의를 하고, 주말에는 아이 둘을 태우고 남편이 있는 도시로 갔어요. 내 남편은 영문학과 박사로, 팔 년째 박사를 하고 있었지요.

남편은 영문학계의 축복이라고 불릴 정도로 명석한 사람이었지만, 영문학과는 박사를 한다고 끝나는 게 아니에요. 교수 자리가 거의 없어서 연구중심 대학에 들어가려면 하늘의 별따기랍니다. 게다가 내가 동부에 있었으니 남편이 갈 수 있는 대학은 더욱 한정되어 있었어요.

게다가 남편의 전공은 셰익스피어였어요. 셰익스피어! 영문학 전공자가 잡을 수 있는 최악의 박사논문 주제 아니겠어요? 셰익스피어로 완벽한 논문을 쓰려고 하다는 건 미친 짓이에요. 아든 판, 옥스퍼드 판, 리버사이드 판, 원전의 판본만 해도 여러 개인 데다가 그에 대한 해석은 더 많아요. 셰익스피어와 관련된 책은 지금 이 순간에도 계속 쏟아져 나오고 있으니 말이에요. 하지만 남편은 셰익스피어 광이었어요. 그러니 도서관에서 자료를 읽는 시간이 천국 같았겠죠.

내가 있는 도시에서 남편의 학교까지는 자동차로 두 시간 거리였어요. 두 시간 동안 아이들은 가만히 있질 않지요. 하지만 이미 교수가 된 나보다는 졸업 못한 남편의 논문이 중요했기 때문에, 늘 내가 움직였어요. 금요일 저녁 도서관 주차장에서 남편을 태워가지고 중국음식을 사먹는 것이 우리집 습관이었답니다.

그날따라 아이들은 몸이 좋지 않아서 카시트에 토하고, 임신 중인 나는 배가 당겨 왔어요. 다음 주 내 수업 준비는 하나도 안 되어 있고, 연구는 전혀 진척이 없고, 테뉴어(tenure) 시계*는 째깍째깍 돌아가고…….

그런데 남편은 해가 뉘엿뉘엿 지는 주차장 앞 벤치에서 셰익스피어를 읽으면서 나를 기다리고 있었어요. 아름다운 광경이었죠. 평화로워 보였어요. 남편은 마치 무아지경 속에서 셰익스피어와 대화를 나누는 것처럼 보였답니다.

그때 나는 내 차로 벤치를 받을 뻔 했어요. 남편이 앉아있던 벤치를요. 액셀을 잘못 밟은 거죠. 발이 헛나간 거예요. 그 이후 나는 내 직위를 조교수에서 강사로 강등시켜 달라고 총장에게 요구했어요. 이 모든 스트레스를 도저히 감당할 수 없다고요. 하지만 총장은 받아들여 주지 않았죠.

그때부터 나는 테뉴어를 포기하고 연구했어요. 그런데 그게 의외로

* 종신고용직을 받기 위한 6년 기한

성공적이었죠. 그때 써낸 논문이 바로 당신이 말한 그 논문이에요.

그 논문이 어떻게 나왔느냐고요? 액셀을 밟으면서 벤치로 돌진하던 순간, 오만 가지 생각이 다 떠오르더군요. 그 생각 중의 하나가 기존의 연구에 대한 분노였어요. 도대체 말도 안 되는 담론들, 거기에 대한 명료한 설명이 필요하다고 생각했어요. 그걸 해내기 전에는 죽을 수 없다고 생각했고요.

그러니 미쳤다는 당신 말이 맞을 지도 몰라요. 뒷좌석에 있는 애들이나 뱃속에 있는 아이 생각은 전혀 떠오르지 않았으니.

아줌마 K   # 개를 사랑한 여자

        아줌마 K는 수억 원하고도 개를 안 바꾼 여자다. 아줌마 K가 살던 동네가 차근차근 재개발이 되어가자, 사람들은 저마다 키우던 개들을 버리고 아파트로 이주를 했다. 그렇게 갈 곳이 없는 개들 중에 제일 총명했던 개가 누렁이었다.

  아줌마 K는 마당 있는 집에서 좀 거두어 달라는 간곡한 부탁에 얼굴을 찌푸리며 누렁이를 거뒀다. 누렁이는 개 이름이 말해 주는 것처럼, 먼 혈통으로 진돗개가 한 가닥 섞여있다는 것 외에는 아무 자랑이 없는, 따지고 보면 잡종인 누런 개였다. 아줌마 K는 돈도 되지 않고 귀찮기만 한 누렁이가 마뜩치 않았다.

  하지만 그런 시간도 잠시, 누렁이는 아줌마 K와 아저씨 K의 마음을 완전히 녹여 놓았다. 누렁이는 아저씨 K가 새벽 몇 시에 들어오든 펄펄 뛰며 아저씨를 반겨 주었다. 아줌마 K가 군내 나는 밥을 주어도 매번 열광하며 감사히 밥그릇을 받았다. 아줌마 K의 집은 누렁이가 있어서 비로소 가정이 되었다.

아줌마 K는 남편과 싸우고 '에라, 짐 싸서 온천여행이나 갈까?' 할 때에도, 내가 없으면 누렁이 밥은 누가 주나 싶어서 마음을 꺾었다. 아저씨 K는 친구들을 만나 왕년의 무용담을 늘어 놓다가도, 여기 남은 소갈비뼈를 누렁이에게 갖다 주면 얼마나 좋아할까 하는 생각에 일찍 자리를 털고 일어섰다.

직장 때문에 일찍이 원룸을 얻어 나간 아들이 결혼을 하겠다고 새침한 아가씨를 데려온 것은, 어느새 누렁이 아줌마 K 집안의 완전한 터줏대감이 되고 나서였다. 누렁이는 못 보던 사람이 집에 오자 으르렁 꽝꽝, 누가 더 윗길인지 가늠하자고 짖어댔다. 개가 절 싫어하나 봐요, 아가씨는 난처한 표정으로 웃었다. 아가씨가 아들과 결혼해 며느리가 된 후에도, 누렁이는 며느리만 보면 짖어댔다. 네가 위냐, 내가 위냐, 하는 듯이.

그 무렵 아줌마 K가 사는 동네의 쬐깐하게 남은 단독주택 단지는 다시 한 번 재개발의 유혹을 받았다. 아파트를 올려야겠으니 조합에 가입하고 서명을 해달라는 것이었다. 몇 억 원이 한 번에 생기는 일생일대의 기회였다.

하지만 아줌마 K는 이제 누렁이 없이는 하루도 살지 못하는 사람이 되었다. 일 년에 한 번 볼까 말까한 아들보다 매일 아줌마 K를 쫄랑거리며 따라다니는 누렁이가 아줌마 K는 더 푸근하고 좋았다.

"아주머니, 이러서 봤자 소용없어요. 법에 정해져 있어서 몇 퍼센트 이상이 찬성을 하면 아주머니가 아무리 반대를 하셔도 개발이 됩니다." 아줌마 K는 그러면 누가 이기나 보자며 구멍가게 아줌마부터 설득을 해나가기 시작했다.

— 임자, 이거 팔고 아파트 상가 좀 나눠 받으면 떼돈 벌 거 같아? 요즘 아파트 사람들이 어디 아파트 상가에서 물건 사나? 다들 차 몰고 가서 대형마트 가잖아. 게다가 날이면 날마다 아파트 앞까지 생선장사 과일장사가 트럭 몰고 와서 와짝 팔고 가는데 그 사람들하고는 어떻게 경쟁하려고? 임자는 죽으나 사나 여길 지켜야 살아.

구멍가게 아줌마를 설득하는데 성공하자 그 다음은 옆집 노친네들 차례였다.

— 어르신들 여기 팔고 어딜 가시려고요. 재개발은요, 일이 년에 끝나는 것도 아니고 입주하려면 돈이 엄청 많이 들어요. 어르신들 돈 많으세요? 게다가 아파트 지어 봤자 자식새끼들 우애만 나빠지지 좋을 것 하나 없어요. 그저 우리 같은 사람들은 아는 사람들끼리 오순도순 모여 사는 것이 최고예요. 제 말에 뭐 틀린 것이 있어요?

아줌마 K는 결국 아파트 재개발 계획을 무산시켰다. 사람들은 이런 아줌마 K에게 놀리듯이 말했다. "돈을 억대로 준다고 해도 개 한 마리랑 안 바꾸는 양반."

하지만 재개발은 물리쳤다손 치더라도 더 큰 문제가 하나 남아 있었다. 그것은 누렁이가 얼굴만 보면 미친 듯이 짖어대는 며느리였다. 가끔 들르는 시댁에 갈 때마다 죽기 살기로 깡깡 짖어대는 누렁이를 며느리가 예뻐할 리 없었다.

— 어머니, 이 집에서는 제가 누렁이 다음 순번인가 보죠? 저는 시댁 개만도 못한 며느리인가 봐요.

— 아가, 그런 게 아니다. 니가 개 다음인 게 아니라……, 그런 게 아닌데…….

아줌마 K는 며느리에게 누렁이보다 네가 더 예쁘다는 입에 발린 말은 차마 하지 못했다. "니들은 모린다, 니들은 모린다" 하고 중얼거릴 뿐이었다.

'니들'이 무엇을 알겠는가. 썰렁한 집에서 썩은 내 나는 영감과 마주 앉아 김치찌개를 퍼먹는다는 것이 어떤 것인가를. 그리고 그럴 때 저를 예뻐해 달라고 발광하는 뜨끈한 짐승 한 마리가 어떤 것인가를.

며느리는 구슬 같은 손자를 낳자, 기생충 때문에, 개에게 고추라도 물릴까봐, 애한테 알레르기 생길까봐, 재채기라도 날까봐, 시댁에 못 오겠다고 했다. 아줌마 K는 손자가 오는 날은 안팎으로 물청소를 하고 누렁이는 뒷마당에 꽁꽁 묶어두었다. 자신이 찬밥 취급을 받는 것을 아는지 그런 날은 누렁이도 풀이 죽어버렸다.

어느 날 두 살 배기 손자가 강아지를 만져 본다고 덤볐다가 손가락을 꼭 물리고 나서는, 누렁이는 아들네가 시댁을 방문하지 못하는 좋은 핑계에다, 며느리의 공식 웬수가 되었다. 아줌마 K는 몇 달 지나지 않아 아들에게 누렁이를 키워줄 사람을 알아봐 달라고 했다. 돈이나 며느리는 누렁이를 몰아내지 못했지만, 손자는 그럴 수 있었다.

누렁이가 어느 시골 농장으로 떠나가고, 아줌마 K는 말수가 줄어들었다. 사람하고 말을 섞으려고 하지 않고, 꽃이나 나무하고 말을 하려고 했다.

요즘 아줌마 K는 선인장을 보고 "얘, 너 오늘 머리가 참 예쁘다" 하고, 산세비에리아 이파리를 닦아 주며 "물 더 줄까? 먼지 때문에 갑갑하지?" 한다. 정신이 약간 나간 사람처럼 보이기도 한다. 며느리는 소름이 끼친다며 시댁에 가기 무섭다고 한다.

아줌마 L

비는 내리고,
어머니는 시집 못 간다

사람들은 아줌마 L이 전인화를 닮았다고들 했다. 전인화를 닮은 여자들은 젊을 때보다 나이가 들어서 더 멋이 난다. 아줌마 L도 젊었을 때는 그저 단정하게 생겼다 할 정도의 인물이었다. 하지만 나이가 들수록 아줌마 L의 얼굴은 차분하게 여물어, 미모가 빛을 발했다. 쉰다섯에 남편과 사별한 후, 등산회만 나가도 온갖 아저씨들이 수작을 걸어왔다.

탱고를 배우자, 인라인을 가르쳐 주겠다, 일본 여행 좋아하느냐 등 수법도 가지가지였다. 아줌마 L에게는 실로 연애하기 좋은 시절이었다. 남편 없고, 아들딸 시집 장가갔고, 통장에는 연금까지 차곡차곡 쌓이고 있으니 무엇 하나 거치적거릴 것 없이 홀가분했다.

아줌마 L의 남편은 공무원이었다. 청렴한 사람이었으나 짠돌이었다. 쥐꼬리만 한 공무원 월급으로 사는 동안, 아줌마 L의 소비 생활은 완전히 남편의 감독 하에 있었다. 콩나물 한 줌 사온 것도 냉장고에서 썩어 나가지 않나 감시하는 남자와 30년을 살다가, 자신을 여왕처럼 받들어 주는 남자들이 우르르 몰려오니 아줌마 L은 정신이 없었다. 그중에서 군계일학은 단연 폴뉴먼*을 닮은 장 선생이었다.

그는 키 크고 잘생기고 매너까지 좋았다. 아줌마 L이 등산회 아저씨들 사이에서 스타인 것처럼 장 선생 역시 등산회 아줌마들 사이의 스타였다. 장 선생은 은퇴한 고등학교 국어선생님이었는데, 아줌마 L 아들의 옛 담임선생님이기도 했다.

죽은 남편 덕분에 얼마씩 연금이 나오기는 했지만 연애를 하자니 도무지 돈이 모자랐다. 두어 번 얻어먹으면 한 번은 사는 것이 예의였다. 그때부터 아줌마 L은 자식들에게 이런 말을 했다.

— 너희들 교회에다가도 십일조를 바치지 않니? 밥 안 먹는 예수님에게도 십일조를 바치는데, 밥 먹어야 사는 나는 십일조가 아니라 십이조라도 줘야 하지 않겠니?

돈 안주면 재혼하겠다고 아줌마 L이 대놓고 말하지는 않았지만, 자식들은 제 엄마가 용돈을 주지 않으면 재혼을 할지도 모른다고 생각했다. 새로 아버지가 생기는 것이 달갑지 않은 자식들은 꼬박꼬박 용돈을 보내왔다.

자식들 보기는 쑥스러운 일이지만 마음이 가는데 몸이 안 갈 리가 없었다. 전직 교사씩이나 되는 남자가 과부댁에 들락거리기 낯 뜨겁다고 폴 뉴먼은 서류를 정리하자고 했다.

"구청에 가서 혼인 신고하고 제주도로 신혼여행이라도 갈까." 아줌마

---

* 미국의 유명 영화배우로 대표작으로는 1969년 작 〈내일을 향해 쏴라〉가 있다.

L은 차마 아들에게는 말을 꺼내지 못하고 딸에게만 슬쩍 말을 흘렸다.
"장 선생이 그러는데 천요하우, 낭요가인(天要下雨, 娘要嫁人)*이라더라. 어떻게 생각하니?"

딸이 앙칼진 목소리로 말을 받았다.

― 엄마, 공무원 연금법 몰라요? 장 선생이랑 재혼하면 아빠 연금은 더 이상 안 나와. 그 돈이 엄마 열녀비라고. 우리한테서도 용돈 더 안 나올 거야. 그런데도 재혼할 자신 있어요?

* '하늘은 비를 내리려고 하고 어머니는 시집을 가려한다'는 뜻으로 주요종이라는 서생이 어머니의 개가를 막지 못하고 한 말이다.

아줌마 M # 아토피 엄마

　　　　　　아줌마 M은 아토피 아이를 둔 엄마다. 아토피를 가진 자식을 둔 엄마들은 안다. 차라리 내 팔 하나를 잘라내는 것이 낫지, 자식이 아토피로 고생하는 꼴을 지켜보는 것이 얼마나 힘든 일인지를 말이다.

　생물학을 전공한 아줌마 M은 아토피가 병이라기보다는 증상이며, 아직 원인 불명으로 연구가 진행 중이고, 민간요법을 함부로 써서는 안 되며, 스테로이드를 쓰기 시작하면 어떤 위험을 가지고 있는지 잘 알고 있었다. 한마디로 애가 아토피면 엄마는 '죽었다' 복창해야 한다는 것을 아줌마 M은 잘 알고 있었다.

　아줌마 M의 남편 M은 미국에서 신학 박사 과정을 밟고 있었다. 잘 모르는 사람들은 요새 목사님들 돈 잘 버니 목사님 되면 먹고 살 걱정은 없겠다고 하지만, 그건 정말 몰라서 하는 소리다.

　요즘 한국에서 목사하려는 사람은 트럭이 아니라 항공모함으로도

다 못 나른다. 목사 자격증 하나 믿고 조그맣게 교회를 차리면 대형교회에 교인들 다 뺏기고, 대형교회에 목사로 들어가려면 미국 모모 대학의 박사 학위 정도는 있어 줘야 한다.

아저씨 M은 미국의 명문 D대에서 박사 학위를 하면서 이리저리 진로를 고심하고 있었다. "자비량 목사*을 할까, 오지 선교를 자원할까? 아니면 그냥 시골로 내려갈까?" 그러던 중에 덜컥 들어선 것이 지금의 딸이었다.

— 가여워. 가여워. 엄마 가여워.

딸이 태어나서 처음 배운 말은 '엄마'가 아니라 '가렵다'는 것이었다. 딸아이가 가려움을 참지 못하고 손으로 긁으면 딸아이 손이 지나간 자리에는 피가 솟구치고, 아이는 울음을 터뜨렸다. 꽃잎보다 더 여린 딸의 피부는 딱지와 부스럼으로 문둥병 환자 저리가라 할 정도였다.

게다가 딸은 일광 과민성 피부염까지 있었다. 햇빛이 피부에 닿으면 뼛속까지 아픈 것이 일광 과민성 피부염이다. 아줌마 M은 24시간 딸의 주치의가 되고, 매니저가 되고, 시녀가 되었다.

냉찜질, 충분한 휴식, 철저한 식사관리 등등. 아줌마 M의 집요한 노력 끝에 사자같이 날뛰던 딸의 아토피는 다섯 살을 넘기면서 점차 순한 양이 되었다. 그리고 아저씨 M이 드디어 신학 박사를 마치고, 서울의 한 대형교회에 새끼목사(부목사) 자리로 들어가게 되었다. 아줌마 M은 이제야 고생이 끝나려나 보다 하고 생각했다. '비록 목사는 아니지만 전도사가 아니고 부목사인 것이 어디냐. 이제 한국에서 한국말 편

* 스스로 벌어 생계를 해결하며 선교를 하는 목사

하게 하면서 살 수 있겠구나.'

하지만 한국에 돌아오자 딸의 아토피가 미쳐 날뛰기 시작했다. 중국에서 오는 황사가 원인인가, 음식에 뭔가 문제가 있는 건가, 환경이 바뀌어서 스트레스를 받았나, 건설현장의 미세먼지 때문인가. 원인은 수백 가지나 될 수 있었고 아줌마 M은 정확한 이유를 찾을 수 없었다. 사실 이제는 너무 지겨워서 알고 싶지도 않았다. 아줌마 M에게 이 상황을 타개할 해결책은 오직 미국에 다시 가는 것뿐이었다. 아무리 생각해도 한국의 땅과 물이 문제였다.

한번 그렇게 마음을 먹고 나니 그게 아닐 '수도' 있다는 논문이나 그 어떤 과학적 근거도 아줌마 M에게 들리지 않았다. 목회를 하려면 사모가 필요하다고 남편이 화를 내고, 시부모가 유난 떨지 말라고 타박을 하고, 미국에서 생활비를 마련할 방법이 깜깜해도 아줌마 M은 포기하지 않았다. 그깟 것들이 뭐가 대수인가? 내 자식이 지금 근지럽고 아프다는데.

아줌마 M은 고민 끝에 미국에서 다시 공부를 하기로 했다. 그래야 적게라도 생활비를 벌면서 미국에서 오래 남아있을 수 있기 때문이다. 아줌마 M은 다시 토플을 치고 GRE를 치고 교수님들을 찾아가 추천서를 받았다. 그리고 자기소개서를 작성해서 생물학 박사과정에 들어갔다. 세상에는 이런 속담이 있다. '신학 박사 앞에서 진로 어렵다 한탄 말고, 생물학 박사 앞에서 포닥 길다고 한탄 말라.' 박사에 5년, 포닥에 10년이 걸리는 것이 생물학 쪽 공부였다.

아줌마 M은 미국의 작은 대학에서 생물학 박사에 포닥까지 오래오래 하고 있다. 아저씨 M 교회의 교인들은 아줌마 M더러 '이기적인 여자'라고 한다. 딸 영어 교육시키려고 교회 사모 일도 내팽개치고 혼자 미국으로 도망갔다고 말이다. 또 사모가 없으니 부목사가 어떻게 교회에서 큰소리를 치겠냐며 아줌마 M을 '남편 신세 망친 여자'라고도 한다. 하지만 아줌마 M은 스스로를 '난민'이라고 생각한다. 아토피 전쟁 때문에 남의 나라를 전전하는 '아토피 난민'.

이제 10대가 된 딸은 어찌나 공부를 잘하는지 학교에서 상 받는 자리라면 빠지는 법이 없다. 가끔 아빠가 보고 싶다며 한국에 갔다 오기도 하는데, 그럴 때면 팔다리가 무너져라 북북북북 긁으면서 온다.

아줌마 N

엄친딸

아줌마 N은 '가까스로' 엄친딸인 여자다. 아줌마 N은 변호사는 아니지만 법무사로 법무법인에 근무하고 있다. 결혼 전이나 결혼 후나 아줌마 N은 늘 친정 식구들의 알토란같은 법률자문이었다. 아줌마 N은 친정 식구들의 아는 사람들 공짜로 소장 써주는 일부터 알지도 못하는 친척들 까먹고 있었던 땅 찾아 주는 일까지 간장 종지 써먹듯 부려 먹혀왔다.

아줌마 N의 활약은 친정 집안의 선산을 팔 때 제일 돋보였다. 선산이 개발예정지가 되었을 때, 아줌마 N의 친정아버지는 주변에 술부터 사면서 팔자가 폈다고 큰소리를 치고 다녔다. 공시지가를 체크하고, 있는 지도 몰랐던 친척들에게 전화를 하고, 산 팔아서 돈 나누고, 전쟁 때문에 실종된 사람 몫은 공탁하고, 파낸 묘는 화장하여 납골당에 맡기고, 납골당 관리책을 선정하고, 그렇게 부려 먹히고서도 너무 싸게 판 것 같다고 욕을 먹는 역할까지 오로지 아줌마 N의 몫이었다.

아줌마 N의 친정아버지는 수중에 돈이 생기자 부쩍 세상일에 자신이 많아졌다. 사위를 붙들고 내가 살아온 인생이 얼마나 대단한지 들어보라고 떠드는 건 그렇다고 쳐도, 고도리의 저녁 묵상인지 진갑재의 프로정치인지 하는 글을 매일 이메일로 보내 읽었나 안 읽었나를 확인하며 어디 가서 말하기도 곤란한 스트레스를 줬다.

메일은 그 내용이 참으로 다채로웠다. 요새 것들은 헝그리 정신을 모른다는 둥, 부부간의 우애보다 효도가 더 중요한 것이라는 둥, 어느 정당을 밀어 줘야 우리나라가 발기 충천하여 세계적인 강대국이 될 거라는 둥 가히 대서사시였다.

아줌마 N은 그 이메일들 속에서 하나의 무협지를 봤다. 그 이메일들 속에서 아버지는 불굴의 의지로 역경을 뚫고 나온 우직한 곽정이었고, 소용녀를 10년 기다린 로맨스의 남자 양과였다. 그리고 그런 로맨스가 결코 헛말은 아니었는지 아줌마 N의 아버지에게 과부댁들이 들러붙기 시작했다.

아줌마 N의 어머니는 재물이 다 무슨 소용이냐며 머리를 싸매고 드러누웠다. 아줌마 N은 어머니를 대신하여 과부댁들에게 전화를 돌리고, 악다구니를 하고, 이혼을 대비하여 증거들을 수집했다. 옛날 같으면 시앗집을 부녀회에서 때려 부숴도 아얏 소리를 못했지만, 요즘은 잘못 그랬다가는 주거침입으로 신고를 당한다는 것을 아줌마 N은 잘 알고 있었다.

그래서 아줌마 N은 아버지의 과부댁 여자들을 커피숍으로 불러내

상대의 가슴팍에 웃으면서 칼날을 찔러 넣는 법을 익혔다. 조상 땅을 찾아준 것이 친정아버지에 대한 효도였다면, 이것은 친정어머니에 대한 효도이자 자식된 도리라고 생각했다. '가까스로 엄친딸'과 결혼한 죄로 처가댁에 들어와 사는 남편은 언제나 모르는 척, 말이 없었다.

아줌마 N의 친구들은 아줌마 N이 분가를 결심하게 된 사건이 친정아버지가 유치장에 들어간 사건이 아니었느냐고 묻는다. 그게 어떻게 된 사연이냐. 친정아버지가 생과부를 옆자리에 앉히고 운전을 하다 신호 대기에서 앞차를 살짝 받은 일이 있었다. 앞차에는 젊은 여학생 둘이 타고 있었는데, 아가씨들은 "뒷범퍼가 까졌으니 십만 원만 주세요"라고 했다. 친정아버지는 그녀들에게 이렇게 말했다.

— 젊은 년들이 말이야, 대낮부터 할 일 없이 차 타고 돌아다니면서 쉽게 돈 벌려고 하는구먼. 내가 땡전 한 푼 줄 거 같아?

아줌마 N의 아버지는 그렇게 외치고 자리를 떠났다. 그런데 집에 돌아와 보니 경찰차가 와 있었다.

— 뺑소니십니다. 아저씨 술 냄새도 나네요. 불어 보시죠.

— 아, 난 그런 적 없어. 그리고 내가 그걸 왜 불어!

아줌마 N의 아버지는 경찰이 든 음주측정기를 손으로 탁 쳤다.

— 공무집행 방해입니다. 같이 가시죠.

집에 있던 아줌마 N은 일이 어떻게 흘러갈지 뻔히 알고 있었다. 뺑소니, 음주운전, 음주측정 거부, 공무집행 방해. 아마 지금 타이밍에 현금을 2백 정도 주고 합의를 하면 조용히 끝날 수도 있을 것이다. 그러나 아줌마 N은 아무 조치도 취하지 않고 그저 팔짱을 끼고 가만히 지켜보기만 했다. 결국 아줌마 N의 아버지는 유치장에서 한 달을 넘게 살았다. 물론 보석이 가능하다는 것도 아줌마 N은 알고 있었다.

친정아버지가 유치장에서 지내는 동안 아줌마 N은 친한 친구들을 만나 맥주 한 잔을 기울이며 분가 계획을 세웠다.

— 나는 울 엄마 입에서 욕 안 나오게 하려고 그년들 쫓아다니면서 입에 쌍욕을 달고 살았는데, 우리 아버지는 참 고상한 말씀만 하시더라고. 국방이 어떠니 충효가 어떠니. 자기들끼리 지지고 볶으면서 살다 보면 쌍욕 나오겠지. 그래서 너희 동네 30평대 전세는 요즘 얼마나 하니?

길에서 만난 이야기 10

아버지와 딸

이 길도 아닌 모양이네. 여보, 우리 오늘 좀 헤맬 건가 보다. 내가 운전하면 이렇다니까. 저기 고수부지에서 차 세우고 잠깐 따뜻한 커피라도 마실까? 임산부가 웬 커피냐고? 그럼 주스라도 마시지 뭐.

어머, 요새 고수부지 잘 꾸며 놨네. 아버지 유골도 한강에 뿌릴 걸 그랬어. 그때 금강까지 간다고 추운 날 고생한 거 생각하면……. 당신은 내가 금강까지 내려가서 무슨 욕을 봤는지 모르지? 아주 별 쇼를 다했어. 아버지 살아 계실 때 여자가 하나 있었는데……. 아참, 사위한테 장인 흉보면 안 되는데……. 에라, 모르겠다. 그래도 이왕 말 꺼낸 거 마무리는 짓지 뭐.

아버지 돌아가실 무렵에 날 불러서 그러시더라. 우리집에 아들이 없으니까 아버지는 큰딸인 나를 아들처럼 생각하신대. 그리고 나한테 하는 말이 당신한테 여자가 하나 있다는 거야. 물론 손목만 잡고 더 건드려 보지도 못한 사이라는데, 그 말을 믿어야 할지 말아야 할지. 아무튼 그 여자한테 당신이 죽으면 죽었다고 연락을 좀 해달라고 하셔. 그 사람한테 나란 사람이 죽었다란 거 정도는 알려주고 싶으시다고.

그 여자 주소를 알려주시고 아버지는 마음이 놓이셨는지, 얼마 안 돼 돌아가셨어. 아버지 돌아가시고 내 가슴이 어찌나 철렁 내려앉던지. 아버지 심장에 붙어 있던 무거운 짐이 덜컥 내 심장으로 옮아붙는 것 같았어. 도대체 이 여자를 찾아야 돼, 말아야 돼? 평생 엄마한테 잘하고 딸자식 셋 잘 키우면서 잘 살다 간 양반이 왜 마지막에 그런 숙제를 내주시냐고.

그런데 그 여자에게 연락을 하지 않으면 평생 아버지 눈초리 때문에 뒤꼭지가 따가울 것 같았어. 그래서 그 여자에게 어렵게 연락을 했지. 아버지 소식을 전하니까 울먹거리더라. 그리고 아버지 유골 뿌리는 데 오고 싶대. 나는 절대 안 된다고 했어. 평생 남부끄러운 일 없이 살다 간 양반 마지막 가시는 길에 재 뿌릴 일 있냐고. 그랬더니 그 여자가 아버지 재라도 한 줌 보내 달래. 그렇게라도 하지 않으면 자기 한이 안 풀릴 것 같다고.

아버지랑 그 여자는 원래 결혼할 사이였는데, 여자네 엄마가 훼방을 놓아서 서로 오해하고 헤어져 살게 됐대. 그 여자 엄마가 우리 아버지한테 자기 딸은 결혼을 약속한 부잣집 남자가 따로 있으니 헤어져 달라고 했다나 뭐라나. 사연을 듣고 보니 그 여자가 안쓰럽기도 하고, 아버지가 가슴에 평생 품고 산 게 뭔가 생각하니 그것도 짠하고. 그래도 여보, 나는 우리 엄마 딸이기도 하잖아. 두 사람 일은 안타깝지만 그럼 평생 우리 아버지만 보고 산 우리 엄마 인생은 뭐야? 허깨비랑 산 거야?

그래도 나는 아버지 유골을 한 줌 빼돌려 보기로 마음을 먹었어. 벽제에서 금강까지 어떻게 하면 재를 한 줌 빼돌릴 수 있나 그 생각만 했지. 그런데 내 아버지 재인데도 그저 한 줌 빼돌리기가 생각보다 어려워. 결국 금강까지 가서 어떻게 하나 하다가, 막판에 그냥 '에라, 모르겠다' 하고 소복 옷고름을 강물에 적셔서 유골함에 슬쩍 담갔어. 그리고 장례를 마치고 돌아와서 옷고름을 뚝 잘라 그 여자에게 보내 주었지.

아버지 말처럼 내가 아버지 아들인 듯 생각을 하면 아버지의 어려운 숙제를 대신 해줬다는 생각에 기분이 후련하기도 해. 하지만 시간이 흐를수록 아버지가 야속하다는 생각이 드는 거 있지. 여보, 사실 나는 우리 아버지가 세상에서 제일 사랑하는 여자는, 첫 딸인 바로 나라고 생각하고 살았어. 그런데 우리 아버지 가슴에 엄마도 아니고 내가 모르는 다른 여자가 있었다니, 꼭 실연을 당한 기분이야. 아버지가 배신한 사람은 엄마뿐만이 아니라고. 나도 배신한 거라고.

여보, 그런데 내가 이 이야기 왜 하게? 다음 달에 나올 우리 아기 말이야. 지연이라고 이름 못 붙인다고. 내가 당신 첫사랑 이름 모르는 줄 알았어? 당신이 그러면 그건 나만 배신하는 게 아니라고…….

___옷고름 이야기는 〈요미우리〉 신문 와타나베 쓰네오의 일화에서 가져왔다.

아줌마 O   살인을 면한 여자

　　　　　　　　아줌마 O는 살인을 면한 여자다. 아저씨 O가 뇌종양으로 죽고, 딸은 기분 전환하시라며 아줌마 O에게 친구들과 함께 가는 중국 여행을 예약해 주었다. 중국 은시 대협곡. 홈쇼핑에서 중국 여행을 싸게 팔더라고 했다. 딸은 아줌마 O에게 안전제일로 다녀오라며, 중국도 이제는 눈 감으면 코 베어가는 곳이니 보이차 강매 당하지 말고, 한약 지어 오지 말고, 무사히 즐기고 오시라고 했다.
　아저씨 O는 착한 남편이었다. 로맨틱한 남편이었다. 다정다감한 남편이었다. 아줌마 O 인생에 그런 남자는 둘도 없었다. 나이 오십이 넘어서도 남편의 멋은 사라지지 않아서, 봄가을이면 진해로 설악산으로 드라이브를 시켜 주었다. 드라이브를 나갈 때면 일부러 속도를 늦추어 아줌마 O가 흩날리는 꽃잎과 낙엽을 마음껏 즐길 수 있게 해주었다.
　뇌종양 진단을 받고 나서도 남편은 자기 생명보다 아줌마 O가 어찌 살아갈까를 걱정했다. 그때부터 남편은 집안 곳곳에 조그마한 포스트

잇을 붙여 놓았다. 눈이 어두운 아줌마 O를 위해 소금과 설탕을 구분해서 색깔이 다른 매직으로 적어 놓고, 아프거나 불이 나면 전화할 연락처를 전화기 옆에 붙여 놓았다. 남편은 죽으면서도 달콤한 말을 속삭였다.

이렇게 달콤한 남자를 겪고서 어떻게 다시 인생을 살아간단 말이냐, 아줌마 O는 남편을 원망했다. 차라리 같이 죽었으면 이런 괴로움은 없었을 텐데, 남편 없는 삶이 이렇게 괴로운 것이었다면 내가 먼저 죽었어야 하는 건데, 하고 매일매일 눈물 바람이었다.

단체여행이라고 인천공항에 집합해 보니, 아줌마 O의 친구들을 제외한 단체 여행객들은 모두 노부부 아니면 불륜 중인 듯한 남녀였다. 불륜 커플은 대놓고 서로를 쿡쿡 찌르며 키득거리고, 노부부들은 출발 전부터 힘들다고 투덜거렸다.

그리고 아줌마 O는 그 여자를 보았다. 머리가 벗겨진 남자와 같이 온 여자였다. 마르고 양 볼에 살이 없는 여자. 눈초리가 올라가고 입술이 요요한 여자. 어찌 보면 부잣집 마나님 같기도 하고 달리 보면 독신으로 늙은 여자처럼 보이는 여자.

그 여자였다. 어제 일처럼 가슴에 불이 올라왔다. 내가 뭘 잘못했느냐고 눈 똑바로 뜨고 말하던 여자. 아줌마 O에게 임질을 전염시킨 여자. 여자는 동행한 남자와 팔짱을 끼고 새침한 얼굴로 자기소개를 했다. 조그맣게 와인바를 한다고 했다.

— 부부세요?

아줌마 O는 떨리는 목소리로 물었다. 남자는 씩 웃으며 결혼할 사이라고 했다.

결혼할 사이라는 이 커플은 가는 곳마다 민폐였다. 와인바 여자는 걸음이 느렸고 남자는 여자를 챙기려고 했다. 여자가 일행에서 쳐지면 남자는 여자가 앉을 자리를 확보하느라 바쁘게 움직였다. 와인바 커플은 보트를 타도 지들만 좋은 자리에 함께, 밥을 먹어도 좋은 자리에서 나란히 먹으려고 했다. 와인바 여자는 시간만 나면 담배를 피웠다. 여자는 그저 권태로운 듯이 보였다.

은시 대협곡에서 와인바 여자는 담배를 피운답시고 외딴 곳에 다리를 꼬고 앉아 있었다. 한 시간에 한 번은 담배를 피워 줘야 손발에 피가 도는 것 같아요, 하고 와인바 여자는 새치름하게 뇌까렸다. 눈앞이 아찔한 대협곡이었다. 오가는 사람도 보이지 않았다.

거 나도 한 대 피웁시다, 하고 아줌마 O는 담배 한 대를 청했다. 와인바 여자는 천 길 낭떠러지에서 등산로와 낭떠러지를 구분하는 막대에 한껏 몸을 기대고 기지개를 폈다. 여자는 천천히 맛있게 담배를 피웠다. 앞으로 조금만 더 기울어지면 앞으로 떨어지겠구나, 하고 아줌마 O는 생각했다. 밀어버릴까.

10분가량 밖에는 시간이 없었다. 아줌마 O의 머릿속에는 온갖 생각이 지나갔다. 공안에게 잡힐 확률, 사고사로 위장될 확률, 딸에게 알려질 확률을 생각했다.

— 갑시다.

아줌마 O는 참았다. 와인바 그 여자는 웃었다.

이렇게 만난 것도 인연인데 서울 가서 맥주나 한 잔 하자고, 사람들은 연락처를 주고받고 인천공항에서 헤어졌다. 와인바 여자는 서양 사람처럼 아줌마 O에게 악수를 청했다.

6개월이 지난 겨울이었다. 아줌마 O는 중국 여행을 같이 갔던 친구로부터 전화를 받았다.

— 얘, 그 왜 우리 일행 중에서 만날 쳐지던 그 여자 있지? 여우같이 생긴 여자. 죽었대. 폐암이라나, 자궁암이라나.

아줌마 P　　　　　　계산을 잘한 여자

　　　　　　　　　　　아줌마 P는 계산을 잘한 여자다. 결혼 전 아줌마
P는 그럴 만한 자격이 있었다. 그녀는 어여쁘고 재능이 있었다. 남자
들은 그런 P에게 너그러웠다. P가 양다리가 모자라 열 다리를 걸쳐도,
남자들은 "P는 예술가잖아" 하고 대신 변명을 해주곤 했다. 그녀는 학
부를 졸업하면 독일로 피아노 석사 유학을 가게 되어 있었으니, 주렁주
렁 매달려 있던 남자들과 헤어지기도 편했다.
　그러나 피아노 석사라는 것은 가는 것보다 돌아와서가 더 문제였다.
피아니스트의 길은 돈이 많이 들었다. 일 년에 한두 번씩 연주회를 열
어줄 수 있는 재력이 있는 남자가 필요했다. 피아노를 포기할 수는 없
었다. 생활수준도 마찬가지였다.
　결혼할 만한 남자는 둘. 30대 중반의 젊은 나이에 교수가 된 남자와
이제 막 미국에서 박사과정을 시작한 남자였다. 누가 봐도 선택은 뻔
했다. 교수 남자는 P에게 논현동에 집을 샀다면서 집문서를 보여 주

었다. 박사 남자는 "십 년 후에는 대한민국 최고의 학자가 될게"라며 속 터지는 소리를 했다. 박사 남자는 P가 유학 가 있는 동안 쓴 거라며 노트를 한 권 건네주었다. 매일 한 페이지씩 써서 묶은 편지 일기장이었다.

집문서 때문에 결혼할 생각은 없었다. 하지만 10년 동안 남편 교수되기를 기다리며 코흘리개들 붙들고 피아노 선생을 한다는 것 역시 말이 안 되는 선택이었다. 아가씨 P는 두 사람 모두에게 확실한 대답을 하지 않았다. 교수 남자와 박사 남자는 서로 질세라, 1999년 12월 31일까지 결정을 내려 달라고 했다. 교수 남자는 제주도의 한 호텔에서 정식으로 청혼을 하겠다며 비행기 표를 끊어 주었고, 박사 남자는 뉴욕 엠파이어스테이트 빌딩에서 기다리겠다며 이메일을 보내왔다.

1999년 12월 31일 저녁, 뉴욕은 추웠다. 박사 남자는 그날 티파니 반지를 들고 하루 종일 P를 기다렸다. 그날 밤 박사 남자는 엠파이어스테이트 빌딩에서 타임스퀘어까지 걸어갔다. 밀레니엄이 왔다며 환호하는 사람들 사이에서 박사 남자는 사진 한 장을 찍어 아가씨 P에게 보냈다. 나는 이렇게 약속을 지켰노라고. 교수 남자가 다이아 반지를 들고 P에게 약속했다. "큰 공연장은 아니라도, 이 년에 한 번은 연주회를 열어 줄게."

결혼한 지 6개월도 못되어 교수 남자는 쓰러졌다. 간암이었다. 원래가 간염보균자였다고 했다. P가 남편의 간암 치료를 위해 집을 담보로 돈을 꺼내 쓰려니 집이 대출로 산 것이라 했다. 당장 돈을 벌 사람이 없으니 대출금과 병원비는 아줌마 P가 벌어야 했다. 돈이 떨어지니 주변에 사람도 끊겼다. 코흘리개들이라도 가르칠 수 있으면 다행이었다.

아줌마 P는 박사 남자에게 하루가 멀다 하고 국제전화를 걸었다. 박사 남자는 늘 아줌마 P의 편이 되고 힘이 되어주겠노라 약속했다. 간병 생활에서 오는 증오, 불평, 자기 자신에 대한 경멸이 치솟을 때마다 아줌마 P는 밤이고 낮이고 국제전화를 걸었다. 박사 남자는 시도 때도 없이 걸려오는 P의 전화를 받아 주다가 박사 자격시험을 통과하지 못했다. 그는 산호세 어딘가에 취직을 했다고 했다.

교수 남자는 힘들게 죽었다. 어디서 그런 삶의 의지가 나오는지, 다 죽어가다가 다시 살아나고 이제 끝이구나 생각하면 다시 살아나곤 했다. 아줌마 P는 거울을 보았다. 아직 아름다웠다. 충분히 매력적이었다. 아줌마 P는 소주를 마시고 박사 남자에게 전화를 걸었다.

— 이제 운명을 용서할 수 있을 것 같아. 그 사람에게 최선을 다했으니까……. 넌 내가 운명이었니?

박사 남자는 말했다.

— 야, 나 결혼해. 속도위반이라 좀 그렇긴 하지만.

아줌마 Q

아버지 덕 본 여자

     아줌마 Q는 아버지 덕 본 여자다. 아줌마 Q의 아버지는 가문의 장자이면서 베트남전에 섞여들었던 괴짜였다. 군납업체 직원이었던 그는 늘 한국을 떠나고 싶어 했다. 1975년 사이공이 함락되었을 때, 아줌마 Q의 아버지는 혼란을 틈타 난민 자격으로 호주로 흘러 들어갔다. 당시 호주는 베트남 난민을 받아 주었다. 아버지는 호주에서 스무 살 연하인 베트남 여자와 재혼을 했다.

 당시 초등학교 5학년이었던 아줌마 Q는 갈 곳이 없었다. 엄마는 그해 겨울 연탄가스 중독으로 돌아가시고, 아버지는 찾아갈 수도 없는 먼 나라에 있었기 때문이다.

 아줌마 Q는 작은 아버지네 집에서 살게 되었다. 친척 중에서 가장 심성이 무던한 작은 어머니밖에는 아무도 Q를 받아 주려고 하지 않았다. 아버지는 작은 아버지 댁에 제사도 딸도 떠맡기고, 그저 나 몰라라 했다. 열아홉이 되면 나를 찾아 오거라, 하고 편지 한 통 달랑 보낸 것이 전부였다. Q는 미용기술을 배워 호주에 갈 준비를 했다.

열아홉이 되어 호주로 가려고 하자 아버지는 말했다.

— 나는 너에게 이민 초청을 할 자격이 없다는 구나. 열여덟이 넘은 자식은 부모가 부양할 책임이 없단다.

아버지는 남들에게 호주이민을 상담해 주고 돈을 받는 사람이었다. 그 법을 그때까지 모를 리가 없었다. 사람이면 어떻게 딸에게 그럴 수가 있느냐고 작은 어머니도 기가 막혀 했다. 아줌마 Q는 천신만고 끝에 호주 영주권을 얻었다. 아버지가 도와줘서가 아니었다. 딱한 사정을 들은 호주의 한인 목사가 도움을 준 것이었다.

9년 만에 만난 아버지는 아줌마 Q에게 냉정했다. 새어머니는 아줌마 Q를 제 자식을 돌보는 보모로 써먹었다. 도저히 아버지 집에서 버텨낼 수가 없었다. Q는 급히 결혼을 해서 아버지 집을 나왔다. 아버지는 결혼식에도 오지 않았다. 결혼식장에서 아줌마 Q는 남편과 나란히 행진해 들어갔다.

남편을 꼭 닮은 첫 아들을 낳고, 아줌마 Q는 아버지에게 전화를 걸었다. 첫 손자를 낳았다고 했다. 아버지는 얼마 전에 셋째 아들을 낳았노라며 바쁘다고 했다. 가끔 지역신문에서 아버지의 기사를 볼 수 있었다. 아버지의 사업은 나날이 번창하고, 이복동생들은 사립학교를 다니며 엘리트로 자라고 있다는 내용이었다. 아줌마 Q는 울면서 한국으로 전화를 걸었다.

— 작은 엄마, 내 팔자에는 아무래도 부모 복이 없나 봐.

— Q야, 울지 마라. 내가 있지 않니. 걱정 말아라.

작은 어머니는 같이 울면서 Q의 이야기를 들어주었다. 작은 어머니는 한밤중에 울리는 국제전화를 받을 때마다, 무언가를 곰곰이 생각하는 듯 했다.

다섯 살 연상인 아줌마 Q의 남편은 Q를 깊이 사랑해 주었다. 그녀를 마치 유리 그릇 다루 듯 조심조심 받들고 살았다. 그는 자식에게도 자상하고 돈도 잘 벌었다. 그의 유일한 단점은 아줌마 Q를 두고 일찍 죽었다는 것뿐이었다.

아줌마 Q는 남편이 죽고 20년 동안 고아처럼 살았다. 하숙을 치고, 남들 머리를 깎아 주고, 식당일을 했다. 어린 자식들과 먹고 살아야 했다. 낯설고 물선 땅에서 아줌마 Q는 혼자였다. 지척에 아버지를 두고도.

아버지는 인생이 잘나갈 때 그러했듯이, 인생의 막판에도 아줌마 Q를 부르지 않았다. 아버지는 사과하지 않고 변명하지 않고 제왕처럼 죽었다. 양 옆에 장군처럼 이복동생들을 끼고. 장례식에서 아줌마 Q는 사생아처럼 혼자였다.

삼우제가 지나자 아줌마 Q의 핸드폰으로 자꾸만 누가 Q를 찾아댔다. 작은 어머니가 한국에서 국제전화를 건 것이었다.

— Q야, 부고 들었다. 내가 느이 아버지 돌아가실 때까지 입 닫고 있었는데, 느이 아버지가 안 찾은 조상 땅이 있단다. 네 할아버지가 1960년 이전에 돌아가셔서 장자만이 독점상속을 받는대.

국유지로 편입돼 행정 수도 보상이 상당하대요. 한국 호적에 베트남 여자는 올라가 있지 않으니까……. 너 늦게나마 아버지 덕 보게 생겼구나.

아줌마 R

가정을 지킨 여자

아줌마 R은 가정을 지킨 여자다. 90학번인 아줌마 R이 문제를 돌파하는 방식은 노력밖에 없었다. 고3 때는 무식하게 18시간 동안 앉아서 공부를 했고, 대학교 때는 우직하게 코딩을 했다. 천재는 아니었지만 수재 정도는 되는 머리에다, 끈기 있게 버그를 잡는 데는 그 누구보다 소질이 있었다.

성폭행을 당한 건 대학교 3학년 때였다. 소프트웨어 경진대회가 있어 동아리방에서 밤샘 작업을 하던 차였다. 흠모하던 88학번 선배였다. 건드렸으니 책임지고 결혼할게. 선배는 그렇게 말했다. 90학번은 그런 세대였다. 강간을 당했다고 또 결혼을 하기도 하는.

남편은 그 당시 병원의 유아용 영어교육 프로그램을 개발하는 회사를 차렸다. 아줌마 R은 딸을 낳고 집에 들어앉아 지내면서, 남편이 급할 때마다 프로그램을 짜 주고 회계를 보고 살림도 했다. 2000년 즈음, 남편은 순식간에 엄청난 돈을 벌었다. 주식 상장. 인수 합병. IT버블을 타고 수십억의 돈이 남편에게 쏟아졌다.

하지만 전셋집 한번 크게 늘려 보지 못하고 남편은 그 돈을 다 잃었다. 하이닉스에 투자를 했다고 했다. 돈은 숫자였다. 밀물 같이 들어왔다 썰물 같이 빠져나갔다. 아줌마 R은 이혼을 해야 했다. 이혼을 하지 않으면 아줌마에게까지 빚더미가 떨어질 판이었다. 남편은 지리산에 들어가 마음을 닦고 오겠다고 했다.

아무리 집에서 프로그래밍을 해왔다지만, 실제로 이력서에 쓸 말은 '학부 졸업'밖에는 없었다. 회사에서의 직함이라든가 프로젝트의 이름이 필요했는데, 남편 일을 도왔다는 것은 전혀 이력서의 한 줄이 되지 못했다.

대학 졸업한 지 6년 된 아줌마가 다시 취업을 하려니, 초봉으로 2천만 원 조금 못 미치게 주겠다고 했다. IT 1세대들은 이미 팀장이니 기획실장을 달았고, 옵션이니 주식을 챙겨 놓은 참이었다. 2세대들에게 남은 건 빡빡한 연봉뿐이었다.

서울에서 방 한 칸 없이, 2천만 원 연봉의 싱글맘으로 딸을 데리고 살아가는 것은 불가능했다. 야근을 밥 먹듯 하는데 누가 아이를 돌봐줄 것인가. 이때 아줌마 R을 구해 준 것은 여동생이었다.

— 언니 재능이 너무 아까워. 아이는 내가 일 년간 키워줄 테니 나가서
 공부를 좀 해봐.

전셋집 뺀 돈, 친정 엄마 금붙이, 동생 결혼반지 판 돈을 들고 아줌마 R은 2000년대 초반 미국으로 건너갔다. GRE도 토플 점수도 없었

다. 그리고 물러설 곳도 없었다. 아줌마 R은 시골이기는 하나 연구로 잘 알려진 학교에 가서, 중국인 룸메이트와 함께 방을 쓰며 어학연수를 시작했다. 아줌마 R이 그 학교를 선택한 이유는 한 가지뿐이었다.

거기에는 그 교수가 있었다. 그는 학계의 거장이었다. 하지만 그가 거물이라서 그곳을 선택한 것은 아니었다. 그 교수 밑에서 공부하는 대학 동기가 이메일로 그에 대한 정보를 가르쳐 주었다. 그는 최근에 아내에게 이혼을 당하고, 혼자서 아이 셋을 기르고 있다고 했다. 그래서 히스테리가 부쩍 늘어 박사과정 학생들이 힘들어 한다고 했다. 업계의 향방을 결정하는 대단한 교수라도, 투자 받아 오고, 학생들 지도하고, 논문을 쓰면서 자식 셋을 키우는 것은 불가능했다. 게다가 쉰이 훌쩍 넘은 나이에는 더더욱.

아줌마 R은 프로그래머가 필요 없으면 보모로라도 써달라고 교수에게 간청했다. 그리고 그렇게 일 년을 그 교수집의 가정부로 살았다. 이듬해, 아줌마 R은 보모 겸 박사과정으로 승진을 했다.

사람들은 미친 짓이라고 했다. 남의 아이 셋을 기르며 어떻게 박사를 끝낸대. 저러다 저 여자 죽지. 하지만 아줌마 R은 웃어넘겼다. 밤에는 프로그래밍 하고 낮에는 살림을 하는 것은 원래 그녀가 늘 해오던 일이었다. 게다가 월화수목금금금의 한국 IT업계의 업무에 비하면, 지지고 볶고 끓여야 하는 한국식 상차림에 비하면, 미국식 살림은 아무것도 아니었다. 그리고 아줌마 R의 편에는 교수가 있었다. 업계의 바이블이자 레퍼런스북이 있었다.

아줌마 R이 한국에 있는 딸을 불러올 수 있게 되었을 무렵, R은 그 교수와 결혼을 해 아들을 낳았다. 교수는 예순, 아줌마 R의 나이는 마흔이었다. 교수 아이 셋, 아줌마 딸 하나, 새로 낳은 아들까지 다섯을 먹이고 입히며, 아줌마 R은 교수가 되었다.

이제 아줌마 R은 노교수의 후계자이자 연구실의 우두머리로, 과의 대소사를 결정한다. 사람들에게 알려지기로는 그녀는 늙은이와 결혼한 마녀요, 몸 주고 박사 학위를 딴 여자다. 하지만 노교수의 생각은 다르다. 교수는 아줌마 R에게 이렇게 말한다. "당신은 내 가정과 당신의 가정, 우리 가정을 지킨 여자야."

길에서 만난 이야기 11

처용 處容

내가 미국의 한 조그만 법학대학의 비서로 임용되고 난 후의 일이었다. 신참답게 같이 근무하는 사람들의 이름을 빨리 외우려고 노력하던 무렵이었다. 열심히 애는 썼지만 모든 것이 서툴기만 했던 그때, 교직원 사무실에서 한 60대 백인 남자가 내게 인사를 건네 왔다.

— 안논하세요?

발음은 조금 어색했지만 익숙하게 나오는 한국말이었다. 복사꽃같이 불그스레한 얼굴에 너그러워 보이는 눈매를 갖고 있는 사람이었다. 악수를 청하는 그는 낡은 갈색 점퍼를 입고 있었는데, 점퍼에는 레오(Leo)라는 이름이 적혀 있었다.

자기 이름이 적힌 점퍼를 입고 다니는 것을 보니 아마도 학교 청소부일 거라 생각을 했다. 어째서 한국말을 할 수 있는 것인지 궁금했지만, 쏟아지는 업무 때문에 물어볼 기회를 찾지 못했다. 그렇게 정신없는 며

• 《삼국유사》에 등장하는 설화 속 인물. 자신의 아내를 탐하여 방을 침범한 역신을 노래를 지어 불러 물리쳤다고 한다. 역신은 처용의 너그러움에 탄복하여 다음부터는 처용의 얼굴을 그린 그림만 보아도 그 문 안에는 들어서지 않겠다고 약속했다고 한다.

칠을 보내고, 나는 그가 이곳의 학과장이라는 사실을 알게 되었다.

복도에서 레오를 만난 나는 당신이 학과장인 줄 몰랐다고, 옷차림 때문에 블루칼라 노동자인 줄 알았다고, 웃으며 인사를 건넸다. 레오는 자신을 블루칼라라고 짐작한 내 생각이 맞다며, 자기의 본업은 목장 일이고 이 점퍼는 목장 일을 할 때 꼭 필요한 옷이라고 했다.

나는 레오에게 목장이 어디 있느냐고 물었다. 레오는 자신의 목장이 오클라호마에 있다고 했다. 오클라호마는 이곳에서 차로 열 시간 이상 운전해야 하는 먼 곳이다. 그는 그런 곳을 때로는 1주, 혹은 2주마다 혼자 운전을 해서 간다고 했다.

— 대단한 체력이시네요.
— 군대에서 단련된 몸이라 그 정도는 괜찮아요.

레오는 여름방학이 되면 우리 가족을 자신의 목장에 초대하겠다고 했다. 이제 열 살이 되는 내 아들에게 말 타는 법을 가르쳐 주겠다고 했다.

여름방학을 맞은 5월 초, 우리 가족은 레오와 함께 오클라호마로 떠났다. 남편과 아이가 뒷좌석에서 곤한 잠을 자는 동안, 나는 레오에게 그에 대한 이야기를 들었다.

그래, 자네가 궁금해 하는 것이 뭔지 짐작이 가네. 왜 내가 가끔 한국말로 지껄일 수 있는 것인지, 이렇게 멀리 떨어져 있는 목장을 어떻게 관리할 수 있는 것인지 뭐 그런 것들이겠지. 그 이야기를 다 하자면 좀 길다네.

나는 농부의 아들로 태어나서 법대에 진학했네. 법대 학비는 비싸기 때문에 군대에서 주는 장학금을 받았지. 그래서 군 법무관으로 육 년을 근무했어. 처음에는 인디언 보호구역에서 법무관으로 일하다가, 나중에는 그들의 변호사 노릇을 했지.

나는 그곳에서 인디언들을 도와서 사업을 일으켰다네. 인디언 부족의 토산품이나 농산품을 멕시코와 캐나다에 팔았지. 그렇게 하면 젊은 인디언들을 더 많이 마을에 잡아둘 수 있었어. 그리고 그들의 회계사 노릇도 하고 변호사 역할도 해주었지. 투자 자문 역할도 했어. 우리는 더 많은 관광객을 유치하기 위해 마을에 건물들을 새로 지었지. 마을 하나를 새로 건설하다시피 했어.

내가 그곳에서의 일을 다 마쳤을 때, 족장은 나에게 '아바 히쇼니'라는 인디언 이름을 지어 주었네. 나를 자기 아들로 생각한다고 했어.

그곳에서 번 돈으로 나는 30대 후반의 젊은 목장주가 되기로 결심을 했네. 한적한 곳에서 여유로운 시간을 즐기며 느긋하게 인생을 살고 싶었어. 신중하게 고민한 끝에 오클라호마에 자리를 잡기로 했네. 물이 풍부하고 인심이 좋은 곳이었지.

그곳에서 적당한 크기의 농장을 하나 마련하고, 그곳의 동네 보안관과도 금세 좋은 친구가 되었지. 그의 이름은 커트였어. 그는 무뚝뚝하고 과묵한 사람으로 나와는 여러모로 다른 사람이었지만, 우리는 곧잘 서로의 일을 도와주었다네.

자네는 아마도 내 인생에서 가장 흥분되는 경험을 한 때가 큰 사업을 하고 여러 나라를 오갔던 변호사 시절이라고 생각할 거야. 하지만 내 인생에서 가장 잊을 수 없는 사건은 바로 그 오클라호마의 작은 시골 마을에서 일어났지.

농장을 사고 얼마 지나지 않아서였어. LA의 웬 젊은 놈이 우리 동네에 이사를 왔지. 흐릿한 눈빛에 아무렇게나 헝클어진 머리가 영락없이 마약에 중독된 놈이었어. 그놈은 동네의 어린 아이들에게 혹시 약 필요하지 않느냐면서 허튼 수작을 부렸지.

그 사실을 안 커트가 아무에게도 말하지 않고 그놈 집에 찾아 갔어. 나는 걱정이 되어서 커트의 뒤를 따라 붙었지. 커트는 놈에게 긴 말을 하지 않았어.

— 48시간을 주겠다. 떠나라.

젊은 놈이 긴장하는 것 같았네. 하지만 정말로 마을을 떠나야겠다는 생각은 하지 않은 것 같았지. 젊은 놈은 잘 몰랐겠지만 커트는 한 번 때리기 시작하면 몇 날 며칠은 걷지도 못할 정도로 무자비하게 패 놓는 성격이었어.

24시간 후에 커트는 그 젊은 놈을 거리의 차 안에서 붙잡았네. 커트는 그에게 차를 세우라고 한 뒤, 아무 말도 하지 않고 비명도 지르지 못할 때까지 두들겨 패 주었지. 그리고 이렇게 말했어.

— 24시간 후에 다시 오겠다. 다시 올 때는 결코 이 정도로 끝나지 않을 거야.

그렇게 하루 뒤, 그놈 집에 가보니 그놈 집이 텅 비어 있었어. 집안에는 오직 달콤한 기운이 감도는 묘한 마리화나 냄새만이 가득했지. 그런데 그 집 화장실에서 뭔가 사람의 신음 소리 같은 것이 들렸어. 문을 열어 보니 웬 젊은 동양 여자가 차가운 바닥에 두 손이 묶인 채로 쓰러져 있었어. 피부는 가무잡잡하고 몸매는 매끈한 것이 마치 인어 같은 여자였지.

그녀의 이름을 킴(Kim)이라 하지. 킴은 오빠의 마약 빚 대신 팔려온 여자였어. 그 젊은 마약쟁이가 시골 마을로 향하며 데리고 왔다가, 서둘러 떠나느라 미처 데려가지 못한 거지. 킴은 몸이 회복될 때까지만 내 집에 머무르기로 했어. 그런데 그녀는 몸이 다 회복된 후에도 내 집을 떠날 생각을 하지 않았어.

킴은 내 집에서 요리를 하고 빨래도 하며, 나에게 말 타는 법과 총 쏘는 법을 배웠네. 말을 탈 때 그녀의 모습을 자네가 봤어야 하는데. 말을 타는 그녀의 모습은 정말 눈이 부시도록 아름다웠어. 나는 일 년이 좀 못되어 그녀와 결혼을 했다네. 그리고 킴은 삼 년쯤 있다가 내 아들을 낳았지.

킴은 완전한 카우보이의 아내가 되어서 장난꾸러기 아들을 훌륭하게 키우며 꽤 커다란 목장을 거뜬하게 꾸려나갔네. 나는 목장이 어느 정도 자리를 잡아가자 다시 한 번 도시로 나가 대학에서 근무하고 싶다는 생각을 하게 되었어.

그런데 킴은 어찌된 일인지 절대로 오클라호마를 떠나지 않으려고 했어. 그 무렵 나는 목장 일에 조금 싫증이 나기도 하고, 은퇴하기에는 너무 젊은 나이가 아닌가 싶은 생각도 들어서 반드시 도시로 나가고 싶었지. 킴이 그때 내게 그렇다면 주말부부로 지내 보는 것이 어떠냐고 했어. 나는 킴과 떨어져 지내는 것이 아쉽긴 했지만, 그녀의 제안을 받아들였지.

그러던 어느 날, 수업이 하나 취소되는 바람에 예정보다 이틀이나 일찍 목장에 내려가게 됐네. 밤새 운전을 해서 새벽에 도착한지라 그녀를 깨우지 않으려고 살그머니 방에 들어갔지. 그런데 침대 아래에 신발 두 켤레가 나뒹굴고 있었어. 한 켤레는 킴의 신발이었고, 다른 한 켤레는 낯익은 카우보이 부츠였지.

나는 그길로 집을 나와 다시 학교로 돌아왔네. 열 시간을 운전해서. 아까 내가 커트에 대해 얼마나 설명을 했던가? 그는 늘 바깥에서 일하는 사람이라 그을린 피부에 주름도 깊게 팬 얼굴이었지만, 어찌된 일인지 여자들이 잘 따라붙는 사람이었어. 눈매가 서늘해서 그런 건지 콧대가 날카로워서 그런 건지는 잘 모르겠네. 하지만 남자인 내가 봐도 끌리는 데가 있는 사람이었다는 것만은 인정하지.

여러 달이 지나도 내가 농장에 내려오지 않자 킴은 나에게 연락을 해왔어. 왜 목장에 내려오지 않느냐고 말이야. 나는 그녀에게 내가 본 것들을 말해 주었지. 그리고 앞으로 어떻게 하고 싶은지를 물어보았어. 그녀는 앞으로도 내 아내로 살면서 목장을 꾸리고 싶다고 했지. 나는 그녀에게 당신의 제안은 받아들이지만 앞으로 잠자리를 같이 하는 일은 없을 것이라고 말했어.

그날 이후, 우리는 이렇게 주말마다 가끔 만나 서로의 안부를 묻곤 하는 친구가 되었다네. 커트는 내가 없을 때 내 농장을 열심히 살펴 주고, 내 말들을 위해 밀짚을 쌓아 주지. 덕분에 나는 오클라호마에 있지 않는 시간에도 목장 걱정을 할 필요가 없게 되었어.

이것이 내가 "마시쏘요"나 "사란해요", "잘 이쏘쏘요?" 같은 말을 알고 있는 이유네. 그녀가 내게 가르쳐 주었거든. 나는 또 "미얀해요"라는 말도 알고 있네. 킴이 계속해서 이 말을 내게 되풀이 했거든.

레오는 끝없이 앞으로 나있는 도로를 응시하며 옅은 미소를 짓고는 내게 그의 아이폰을 건네주었다. 레오의 아이폰에는 레오의 아들 사진이 담겨 있었다. 레오가 평생 일구고 커트가 관리하고 있는 재산을 다 물려받을 아이의 얼굴이었다. 신비한 눈매를 가진 아이는 레오를 닮은 것 같기도 하고 닮지 않은 것 같기도 했다.

짙은 어둠과 침묵 속에서 나는 그가 인디언에게 받았다는 그의 이름에 대해 생각했다. 아바 히쇼니. 어떤 일에도 절대로 화내지 않는, 항상 웃는 사람이라는 뜻이다.

아줌마 S　　　　　　잘나가는 여자

　　　　　　　　　　아줌마 S는 잘나가는 여자다. "이십 년 전 미국으로 건너와 남가주에서 리얼터(realtor)*로 일하기 시작해서, 지금은 여러 상가 건물을 소유하고 세를 받으며 살고 있어요. 노는 땅을 사서 상가를 지어 팔기도 하고요. 남편이 자상해서 빨리 은퇴하고 여행이나 다니자고 하지만, 요즘 새로 쇼핑몰 만드는 일이 너무 재미있어서……. 혹시 애들에게 소홀한 것은 아닌지 걱정이에요."
　　아줌마 S는 사람들과 소통하기 위해 블로그를 시작했다. 처음에는 날씨가 좋은 날 아름다운 정원 사진을 찍어 올렸다. 뒤뜰의 블루베리가 워낙 탐스럽게 열려서 여러 사람들에게 보여주고 싶었던 것이다. 그리고 그때가 아마 한국에서 블루베리를 먹어야 눈이 밝아진다고 뉴스가 나오던 때였다.
　　'블루베리'란 검색어로 아줌마 S의 블로그에 들어온 사람들이 정원이 정말 예쁘고 정갈하다고 댓글을 달고 갔다. '아니, 이 사람들이? 우

*부동산 중개업자

리집이 블루베리만 예쁜가. 레몬 나무도 못지않게 어여쁘지.' 아줌마 S는 어렵게 살려낸 바질, 민트 등의 사진도 올리면서 블로그질에 재미를 붙였다. 블로그 이웃이란 것이 만들어지고 댓글 다는 사람이 늘어나면서 아줌마 S에게는 몇 백 명의 인터넷 친구가 생겼다.

아줌마 S는 이제 정원에서 벗어나 캄보디아, 베트남, 중국, 유럽, 아프리카, 알래스카 등의 여행 사진을 조금씩 풀어 놓았다. 그렇게 여행 사진을 올리다 보니 남편이 사준 명품 가방이 사진에 잡혔고, 블로그 이웃들은 그 귀한 걸 어찌 그리 많이 가지고 계시냐며 감탄했다.

"유색 보석은 촌스러워서 평소에는 잘 안 하지만, 일 년만의 크루즈 디너니까……" 하면서 겸손한 것인지 순진한 것인지 모를 아리송한 사진 설명을 다는 것도 배웠다. 아줌마 S에게 블로그는 곧 또 다른 인생이었다.

그렇게 아줌마 S는 파워블로거가 되었다. 누가 또 어떤 댓글을 달았나, 아줌마 S는 하루 종일 블로그가 궁금했다. 그녀는 모든 댓글에 성의껏 답변을 달아주고, 아침에 일어나 가장 먼저 블로그를 체크했다. 저녁에 자기 전에도 댓글에 감사 답변을 달고 잤다. 24시간 블로그와 함께 사는 것이나 다름없었다. 수많은 아줌마 S의 포스팅 중에서도 아들을 어떻게 아이비리그에 보냈는지에 관한 시리즈가 가장 인기가 있었다.

그런데 포털사이트에서 파워블로거로 뽑히고 슬슬 악플들이 붙기 시작했다. 뭐하는 아줌마인데 이렇게 팔자가 좋으냐, 된장녀가 아니라

된장아줌마네, 자글자글한 목에 다이아 목걸이 걸어 봤자 혐짤이지, 자식이 있다면서 왜 자식 사진은 안 올라오느냐, 남편 사진이 도통 없는데 혹시 재벌 현지처 아냐, 눈가에 색기가 흐르는 것으로 봐서 그럴 수도 있겠다. 아줌마 S는 악플을 지우다 지우다 결국 화를 참지 못하고 신경질에 가득 찬 포스팅을 연거푸 올렸다.

 블로그를 샅샅이 살피며 아줌마 S를 칭찬하던 아줌마들이 아줌마 S를 도우려고 나섰다. 아줌마 S의 팬들은 아줌마 S가 재벌 현지처가 아니라는 것을 입증하기 위해서, 아줌마 S의 스토커가 되었다. 집안에 남자가 있다는 흔적을 찾기 위해 아줌마 S의 팬들, 아니 아줌마 S식 라이프스타일의 팬들은 사진 한 장 한 장을 철저히 뒤졌다.

 그러다 보니 별별 말들이 다 쏟아져 나왔다. 아줌마 S의 명품은 진짜가 맞긴 한데 신상은 아니다. 사진 정보를 프로그램으로 확인해 보니 찍은 날짜가 대부분 2, 3년 전이다. 요즘 사진이라고 올린 사진들은 어째 좀 휑한 느낌이 든다. 이런 것들이 팬들의 지적이었다. 정상적으로 가정 꾸리는 여자 같지는 않은데, 혹시 돈 많은 늙은 남자 잡아 현금 빨아 먹다가 최근에 버림받은 거 아니냐는 추측도 나왔다.

 아줌마 S의 정체는 재벌 현지처다. 아니다 리틀 도쿄의 야쿠자 부인이다. 한바탕 이 말이 휩쓸고 가면 저 말이 다시 아줌마 S의 블로그를 휩쓸었다. 그리고 마침내 이런 비로그인 댓글 하나가 아줌마 S의 블로그에 달렸다.

「님들아, 이분 리얼터 하신 분 맞아요. 저희가 이분한테서 집 샀음.

이 년 전에 차 사고가 나서 이 집 이분만 남고 온 가족 다 몰살하셨어요. 제발 이런 댓글 자제효. ㅜㅜ」

아줌마 T

도인 道人

　　　　　　　　10월의 어느 청명한 가을날이었다. 아줌마 T는 아침 7시에 일어났다. 일어나자마자 아줌마 T는 밥솥에 밥을 안쳐 놓고 강아지와 산책을 나갔다. 강아지와 동네 한 바퀴를 돌고 오자 밥이 다 되어 있었다. 시원하게 샤워를 해서 땀을 씻어내고, 아줌마 T는 달걀부침과 오이지로 간소한 아침을 먹었다. 아침을 먹은 후에는 스트레칭을 하고 머리빗으로 머리를 백 번 두드렸다. 그렇게 하면 머리칼이 잘 빠지지 않고 숱이 많아진다고 했다.

　오전 중에는 인터넷을 좀 하다가 성경을 읽었다. 주석서와 성경 사전도 함께 읽었다. 점심을 먹고는 근처 구청에 가서 헬스센터를 이용했다. 두 시간 동안 근력운동을 하고 집에 돌아오니 몸이 가뿐했다. "아무리 많게 잡아도 신체나이가 45세를 넘지 않으세요." 환갑이 넘은 아줌마 T에게 트레이너는 이렇게 말했다. 뒷모습만 보면 30대라 할 만큼 날씬하게 다듬은 몸이었다.

강아지에게 밥을 주고, 화초에 물 주고, 방을 윤나게 청소하는 중이었다. 우편물이 왔다고 집배원이 문을 두드렸다. 보험회사에서 온 서류였다. 보험금이 지불되어야 하는데, 주소가 아줌마 T네로 되어 있으니 조치를 취해 달라는 내용이었다.

아줌마 T는 수령인을 보고 가느다랗게 한숨을 쉬었다. 무슨 도장을 챙겨 가야하나, 어디로 가야하나를 확인하고 아줌마 T는 누군가에게 이메일을 보냈다.

흰죽 한 그릇으로 저녁을 먹고, 아줌마 T는 요가를 했다. DVD를 보면서 발레 연습도 했다. 몸무게 50킬로그램, 키 165센티미터. 배도 나오지 않았고 팔다리에는 근육이 충분했다.

처음부터 몸을 이렇게 가꾼 것은 아니었다. 30대 중반에 아줌마 T는 몸을 포기했었다. 서른넷이 되던 가을날, 아줌마 T는 남편에게서 이런 통보를 받았다. 당신 모르게 낳은 자식이 하나 있으니 호적에 넣는 걸 동의해 줘.

그때부터 아줌마 T는 먹었다. 괴로워하며 먹은 것도 즐거워하며 먹은 것만큼이나 전부 살로 갔다. 몸무게 98킬로그램. 얼굴이 보름달이 될 때까지 먹어 조지니 무릎, 허리가 몸을 받쳐주지 못했다. 허리 디스크로 쓰러진 것은 당연한 일이었다. 그때부터 6개월간 아줌마 T는 천장만 쳐다보고 누워있었다. 그렇게 누워서 도를 닦았다. 처음 도 닦는 사람들이 그러하듯이, 울기도 하고 소리를 지르기도 했다.

다리를 올렸다 내렸다, 병원에서 가르쳐 준 물리치료를 하면서 조금씩 근력을 키워나갔다. 자리보전을 걷어치우고 나서, 아줌마 T는 프로처럼 운동을 했다. 몸무게는 조금씩 줄어들었다. 남편이 죽은 후로는 더더욱 미친 듯이 아령을 들었다. 그리고 무슨 일이 있건 간에 하루에 두 시간씩은 무조건 달렸다.

 10월의 어느 청명한 가을날이었다. 그날 아줌마 T는 그 여자가 비로소 죽었다는 통보를 받았다. 밤 9시가 되자 밤공기를 타고 풀벌레 소리가 들렸다. 아줌마 T는 자기 전에 따끈한 엽차 한 잔을 마셨다. 그리고 어제처럼 깊이 잠이 들었다.

아줌마 U

수절하는 여자

아줌마 U는 세 번 결혼해, 세 번 이혼한 여자다. 불과 20대의 나이에 아줌마 U가 세 번 결혼하고 세 번을 이혼했다고 하면 사람들은 아줌마 U가 대단한 바람기가 있는 여자인 줄 안다. 하지만 사실은 그 반대다. 아줌마 U는 성실과 정절로 무장된 전형적인 한국 여자다.

아줌마 U는 바람기가 대단한 여자가 아니라, 바람난 남자들의 뒷수습을 하면서 청춘을 보냈다. 아줌마 U에 따르면 남자에는 두 가지 부류가 있다. 잘나갈 때 바람피우는 놈, 못나갈 때 바람피우는 놈. 잘나갈 때 바람을 피우는 놈은 돈이 생기니 지가 잘난 줄 알고 바람을 피우고, 못나갈 때 바람을 피우는 놈은 지가 못나간다고 받는 스트레스를 바람피우는 것으로 푼다. 아줌마 U는 이 둘을 모두 겪어 봤다.

첫 번째 남편은 목사였다. 정확히 말하면 손 씻은 조폭이었다. 그는 회개를 하고 목사가 되었다고 했다. 성가대를 지휘하던 스물두 살 아가씨 U는 목사님의 말씀을 듣다가 그만 '목사 사모로 평생을 바치는 것이 내 길인가 보다' 하고 말았다.

그저 그런 설교 솜씨에 헌금이 그다지 많이 걷힐 것 같지는 않았지만, 목사 남편이니 평생 바람은 안 피우려니 하고 아줌마 U는 결혼했다. 그러나 첫 번째 남편은 잘나갈 때 바람을 피우는 부류였다. 아줌마 U는 목사 사모답게 헌신적으로 지역에 봉사하면서 일요일이면 노숙자들을 위해 밥을 끓여 나눠 줬다. 그런 아줌마 U의 헌신으로 교회에는 조금씩 신도가 늘어갔다.

교회에 신도가 늘자 아저씨 U는 부자 신도들을 기가 막히게 찍어내며 헌금을 늘렸다. 또 부자 신도들의 집에 부지런히 심방도 다녔다. 부자 신도들과 관계가 좋아야 신도들이 보증도 서주고 교회 규모를 늘릴 수 있다고 했다.

그런데 관계를 좋게 하기 위해 만나는 과부댁 신도의 화장이 유난히 짙어지더니, 어느 날 아저씨 U는 이혼을 해달라고 했다. 목사를 때려 치고 지방에 내려가서 농부가 되어 살고 싶다는 것이었다. 말이 좋아 농부가 되는 것인지, 느지막이 아침을 먹고 과부댁이 소유한 농장을 카트차로 한 바퀴 도는 것이 아저씨 U의 새로운 일상이었다.

스물넷에 만난 두 번째 남편은 아이러브 스쿨에서 만난 초등학교 동창이었다. 순진할 때 만났던 남자가 어른이 되어 돌아오니 기분이 새로웠다. "너는 아직 결혼 못 했냐?", "나는 이혼도 했다" 하며 농담을 나누다가 정이 깊어졌다. 두 번째 남편 아저씨 V와 아줌마 U는 마치 어린 시절로 돌아간 듯 모교를 방문하고, 은사님께 "저희 결혼해요"라며 인사도 드렸다.

그런데 아저씨 V가 다니던 중소기업의 사정이 심상치 않게 돌아가면서, 아저씨 V의 행동이 이상해지기 시작했다. 짜증이 늘고 외박이 잦아지더니, 급기야 여자 립스틱 자국이 분명한 얼룩이 나와도 "남자가 일하다 보면 그럴 수도 있는 거지, 한국 여자가 그걸 이해 못해?" 하며 큰소리를 쳤다.

아저씨 V는 못나갈 때 스트레스 받아서 바람피우는 부류였다. 그냥 바람만 피웠으면 또 괜찮았을 것을 아저씨 V는 회사 돈까지 꺼내 쓰고 다녔다. 가만히 있으면 너까지 덤터기 쓴다는 친정어머니의 성화에 아줌마 U는 서둘러 이혼을 했다.

'성실'하면 둘째가기 서러운 아줌마 U는 AICPA(미국 회계사) 공부를 시작했다. 늦게 시작한 공부였지만 그럭저럭 자격증을 따고, 외국인 회사마다 이력서를 돌려 작은 자리에 취직도 했다. 회사에 들어가고 나서도 아줌마 U는 은근과 끈기로 승부하여 마침내 미국 출장을 밥 먹듯이 다니는 그럴듯한 자리까지 올랐다.

혼자 몸이니 출장이 많아도 거리낄 것이 없고, 이름만 대면 알 만한 회사의 인사를 받으면서 감사를 다니니 아줌마 U는 행복했다. 아직 나이도 스물여덟, 한창 예쁘고 피어날 시기였다.

그런 아줌마 U를 딱 찍은 사람이 세 번째 남편 아저씨 W였다. 미국인인 아저씨 W는 잘생긴 외모에 끝내주는 말발로 업계에서 입지를 다진 마케팅 담당자였다. 아저씨 W는 온갖 수단을 동원하여 아줌마 U에게 열렬히 구혼했다. 티파니 목걸이, 수십만 원짜리 식사, 드레스에 리무진······.

'그래, 한 번만 더 믿어 보자.' 아줌마 U는 한 번만 더 아저씨 W를 믿어보기로 했다. 그리고 모든 사람들이 보란 듯이 화려한 결혼식을 올렸다. 그림 같은 백사장에 하얀 차양을 치고 많은 사람들의 축하를 받는 영화 같은 야외 결혼식을.

그러나 아줌마 U와 아저씨 W가 한국 지사에서 근무하기 시작하자 모든 상황은 달라지기 시작했다. 아저씨 W는 비록 나이는 30대지만 허리선이 잘록한 미남자에, 국제적으로 성공한 비즈니스맨이었다. 아저씨 W를 바라보는 한국 젊은 여자들의 눈이 희번덕였다. 거리를 걸어 다니나 직장에서 얌전히 일만 해도 노처녀 대학생 할 것 없이 노골적인 시선을 보냈다.

게다가 아저씨 W는 한국의 룸살롱에 한 번 가보더니 눈이 휙 돌아갔다. 한국의 아저씨들은 대한민국의 룸살롱이 탤런트 자판기라는 것을 아저씨 W에게 가르쳐 줬다. '김희선' 하면 김희선하고 똑같이 성형한 여자가, '이영애' 하면 이영애하고 똑같이 성형한 여자가 나왔다. 그때부터 아줌마 U의 핸드폰에는 이런 문자들이 넘쳐났다.

「아줌마, 쿨하게 물러나시죠. W에게는 제가 훨씬 더 잘해줄 수 있거덩요? ㅋㅋ」

텐프로가 자랑이고 시앗이 본처의 머리를 쥐고 흔드는 시대였다. 아줌마 U는 남편에게 미국에 다시 돌아가자고 했지만 때는 이미 늦어 있었다.

 이러니 아줌마 U보고 대체 어쩌란 말인가. 외국인 남편까지 바람을 피우니 이제 다시는 귀밑머리를 풀 곳도 없었다. 전형적인 한국 여자인 아줌마 U는 일부종사 하고 싶었건만 이놈의 한국사회는 도통 도와주지를 않는다. 아줌마 U는 이제 그냥 독신으로 살겠다고 한다. 그 수절이 대체 어느 남편에 대한 수절이냐고, 아줌마 U의 어머니는 묻지 않았다.

아줌마 V

성공할 여자

아줌마 V는 '누가 봐도 성공할 여자'다. 20대 초반부터 모두들 그렇게 말했다. V는 여기서 머무를 여자가 아냐. 자기는 앞으로 장난 아니게 잘나갈 거 같아. 아주 그냥 너무 똑똑해. 재주가 넘쳐서 덕이 모자라지만 않으면 좋겠어. 칭찬인지 비아냥거림인지 모르겠지만, 모두들 V를 높이 평가했다. 남자 친구도 V를 높이 평가했다. 교포인 남자 친구는 V와 영어로 대화를 했다. 나이 먹어서 공부한 영어인데도 발음이 쳐지지 않는다고 감탄을 했다.

V는 준 브라이드(June- Bride)*로 결혼했다. 결혼식은 엉망이었다. 비가 억수같이 내렸고 꽃가루를 뿌리는 아이는 화환을 넘어뜨렸다. 남편은 신부에게 반지를 끼워주라는 한국말을 알아듣지 못해서 쩔쩔 맸다. 게다가 어디서 총각파티라도 하고 온 것인지 술 냄새까지 났다.

사회는 진땀을 흘리면서 신랑 신부를 소개했다. 신랑 신부는 결혼과 동시에 미국 최고의 학교에서 파이낸셜 엔지니어링을 공부하게 될 것

* 6월의 신부. 서양에서 6월에 결혼한 신부는 행복해진다고 한다.

입니다. "그게 뭐래?" 하객들이 수군거렸다. 아직 금융공학이 한국에 잘 알려지지 않았던 시기였다.

아줌마 V는 뉴욕에서 금융공학 석사를 했다. 남편과 함께였다. 미남 미녀 커플인데다 수업시간에도 교수에게 밀리지 않아서 학생들의 이목을 끌었다. 뉴욕이 곧 한 손에 들어올 것만 같았다. 월스트리트는 아줌마 V를 위해 준비된 무대였다. 아줌마 V는 센트럴 파크를 산책하며 남편에게 말했다.

— 두고 봐. 언젠가는 이 공원이 내려다보이는 아파트를 살 거야.

— 그래, 넌 정말 그럴 것 같다.

1학년을 마치고 아줌마 V는 여름 인턴 자리를 잡아 투자은행에서 일하게 되었다. 반면, 남편은 인턴 자리를 잡지 못했다. 아줌마 V는 회사 분석, 시장 분석으로 시간 가는 줄 몰랐다. 그러던 어느 날 한밤중에 신혼 아파트에 들어왔을 때, 침대에 누군가가 있었다. 벗은 여자였다.

— 너 오늘 늦을 거라고 킴(Kim)이 그랬는데…….

여자는 천연덕스럽게 말했다. 같은 클래스의 친구였다. 남편은 세상모르고 잠이 들어 있었다.

참아 주려고 했다. 세상에 실수 한 번 안하는 사람이 어디 있느냐고 되뇌었다. 그러나 남편이 일을 그르쳤다. 그는 의외로 마마보이였고, 시어머니에게 전후사정을 고백하고는 V가 이혼하자고 하면 위자료는 어떻게 물어주느냐고 징징거렸다. 시어머니가 지레 겁을 먹고 아줌마 V에게 큰소리를 쳤다.

— 너 어차피 영주권 노리고 우리 아들과 결혼한 거 아니니? 얼마 주면 먹고 떨어질래?

독한 말이 독한 말을 불렀다. V는 영주권만 받는 조건으로, 한 푼도 받지 않고 이혼에 동의했다. 그해 겨울, 뉴욕의 조그만 스튜디오에서 홀로 크리스마스를 보내며 V는 맹세했다. 반드시 성공하고 말거라고.

그로부터 7년 후, V의 약진은 눈이 부셨다. 인턴을 했던 경력을 살려 금융계 회사에 취직을 했다. 인도인, 중국인도 V처럼 전투적으로 일을 하지는 않았다. V는 그룹의 부사장으로 승진을 한 뒤 재혼을 해 아들을 낳고 파크 애비뉴에 아파트도 얻었다.

2008년이었다. 미국 금융계에선 해고 바람이 불었다. 아줌마 V는 쌓여있는 이력서를 검토하고 있었다. '자리도 없는데 지원서를 보내는 사람들은 뭐람. 되든 안 되든 일단 집어넣고 보자는 건가.' 성의 없이 이력서를 들춰 보는데 웬 낯익은 핸드폰 번호가 눈에 띄었다. 전 남편이었다. 졸업하고 커리어 관리를 어떻게 했는지 엉망진창이었다. 승자로서의 우월감을 느끼지 말아야할 이유가 없었다. V는 전 남편에게 전화를 걸었다.

— 나야. 여기 내가 근무하는 곳인지 알 텐데, 왜 지원했어?
— 내가 그랬잖아. 넌 성공할 여자라고. 난 처음부터 네가 성공할 걸 알고 있었어. 그렇게 되면 어차피 네가 날 걷어찰 거라서 내가 미리 선수 친 것뿐이라고. 그러니 성공한 네가 좀 봐주면 안 돼?

길에서 만난 이야기 12

천국에서 만난 여자

거의 천국인 웨스트버지니아(Almost heaven, West Virginia)*. 그해 여름, 나는 웨스트버지니아의 산속을 혼자 걷고 있었다. 몇 개의 에너지바와 약간의 캠핑 장비를 챙겨 단출하게 떠난 트래킹이었다. 얼마 전 헤어진 남자 친구는 내게 캠핑에 관한 모든 것을 가르쳤다. 노숙을 하려면 무엇 무엇이 필요하고, 에너지바와 비타민, 물길을 찾을 수 있는 능력만 있으면 일주일 정도는 그냥 걸으면서 버틸 수 있다는 사실을 나는 그에게서 배웠다.

평소 운동량이 부족한 내게 트래킹 여행은 몹시 고달픈 것이었다. 하지만 고달픈 몸보다 더욱 고달픈 것은 마음이었다. 7년을 사귄 남자 친구와 헤어지니 앞길이 막막했다. 어느새 나이는 서른. 결혼을 해야 하나 커리어에 어떤 변화를 가져와야 하나, 걷는 것이라도 하지 않으면 미칠 것만 같았다.

버지니아의 산속에서 물길을 따라 걷다가, 나는 어떤 여자를 만났다.

* 존 덴버의 유명한 노래 〈Take me home country road〉의 첫 가사.

마흔 정도 되어 보이는 동양인 여자였다. 한눈에 보기에도 약골인 나와는 달리 그녀는 다갈색의 피부에 탄탄하게 다져진 몸을 가진 여자였다. 나는 그녀에게 말을 걸었다. "어디서 왔니?" "코리아." "나도." "노스(north), 사우스(south)?" 나는 놀랐다. "당연히 사우스지······." "난 노스야." "무슨 소리야, 북한 사람이 어떻게 미국까지 온단 말이야?" 우리의 대화는 모두 영어로 이루어졌다. 나는 갑자기 인적 없는 산속이 두려워졌다. "내가 미국으로 온 건 이미 몇 년 전 일입니다." 우리는 인적 없는 산길을 부지런히 걸으며 이야기를 시작했다.

— 한국말 할 줄 알아요?
— 할 줄 알지요. 많이 잊어버렸습니다.
— 그럼 그냥 영어로 말씀하세요.

여자는 정말로 한국말을 잊어버린 것 같았다. 우리는 그냥 모든 대화를 영어로 나누었다. 간혹 여자가 북한말을 쓰기도 했지만, 내게 북한말은 오히려 영어보다 더 알아듣기 어려웠다.

— 난 김일성 종합대학을 나왔습니다. 오마니는 의사였고 아바이는 영어학과 교수였지요. 저는 태어나서 공부로는 남에게 뒤져본 적이 없습니다. 오마니 말씀이 어떤 세상이 와도 의사는 죽이지 않는다며 내게 의사가 되라고 하셨지요. 그러나 나는 노동관계(labor relation)를 공부하러 영국으로 유학을 갔더랬습니다. 그게 벌써 이십 년 전 일이지요.

영국의 노동 분야 연구는 역사가 오래 되어서 배울 게 많습니다. 거기서 나는 한 독일 남자를 만났습니다. 구동독 출신이었드랬지요. 게르만 족인데도 키가 크지 않고, 장난기가 많은 사람이었어요. 나는 나랏돈으로 유학하는 형편이라서 극도로 돈을 아껴야 했는데, 이 남자가 문득 내게 영화를 보러 가자고 하지 않겠습니까? 돈도 아깝고, 이게 무슨 개수작인가 싶어 단호히 거절했습니다. 그냥 그 사람을 실없는 사람으로 생각했지요.

그런데 그 독일 남자는 내가 자기를 거절하자 한 일본 여자를 사귀기 시작했습니다. 볼살이 통통하고 귀여운 일본 아가씨인데, 덴노천황의 처가 쪽에 속하는 아가씨였어요. 자부심이 대단한 여자였습니다. 우리는 수업시간이나 혹은 수업시간 외 시간에도 한반도 배상 문제와 대북, 대남 사과문제, 그리고 북한의 일본인 납치 문제 등을 토론했습니다. 그 여자는 어떤 문제에도 머뭇거림이 없었지요.

그러던 어느 날 여느 때와 다름없이 일본인 여럿과 토론을 하고 한밤중에 기숙사로 돌아오는데, 기숙사로 돌아오는 길이 참 쓸쓸했습니다. 제 기숙사는 그 학교에서도 가장 싸고 낡은 기숙사였습니다. 그런데 일본 아가씨가 향하고 있는 기숙사는 청소부가 방을 치워주는 고급한 호텔형 기숙사였지요. 얕게 한숨을 쉬고 있는데 누군가 제 뒤에서 어깨를 잡았습니다. 그 게르만 청년이었지요.

저는 그날 그 게르만 청년과 와인을 마시며 즐겁게 대화를 나누었습니다. 동독에서 교육 받은 사람이라 누구보다 제 마음을 잘 이해했지요. 다음 날은 그 게르만 청년과 수업도 빠지고 아침부터 근처

시장으로 구경을 갔습니다. 학교 공부에만 매달리지 말고 젊은이답게 시간을 보내 보자 한 것이었지요.

그 청년과 함께 통일 이야기도 하고, 마르크스와 베르너에 관한 토론도 하고, 노동문제도 이야기했습니다. 그 사람은 내가 영국의 좋고 아름다운 것들을 볼 때 왜 내 마음이 즐겁지만은 않은지, 서구문물의 뛰어난 면에 놀라면서도 왜 자꾸만 조국의 좋은 점을 강변하고 싶은지 이해할 수 있는 사람이었습니다. 내 인생을 통틀어 그때처럼 행복한 시절은 없었습니다.

그 후 우리는 자연스럽게 연인이 되어 한동안 꿈같은 시간을 보냈습니다. 그런데 갑자기 본국의 자금 사정이 나빠져서 본국으로 돌아가야만 하게 되었죠. 잘 아시겠지만 사람이 젊었을 때는 어리석은 짓을 많이 합니다. 나는 본국으로 돌아가고 싶지 않아서, 그 남자와 같이 살고 싶어서 도버해협을 거쳐 프랑스로 갔습니다. 거기로 가면 망명이 좀 더 쉬울까 해서요.

지금은 이렇게 아무렇지도 않게 말하지만 당시에 그것은 나의 모든 것을 건 결심이었습니다. 하지만 망명이 그렇게 쉬운 것은 아니더군요. 나는 독일 청년과 급하게 혼인신고를 하고 독일 이름으로 바꾼 뒤 독일로 건너갔습니다. 그리고 작센에서 남편은 변호사 보조로 일하고, 나는 독어를 배우기 시작했지요.

그런데 아무리 북한에서 엘리트고 국비장학생이었다고 해도 말이 통하지 않는 독일에서 제가 할 수 있는 것은 계산원밖에 없었습니니다. 그조차도 말이 익숙하지 않아 쉽지가 않았지요. 하지만 돈은 부족했어도 그 남자와 같이 있어 행복한 시간이었습니다.

그 다음 이야기는 그다지 할 게 없습니다. 저는 영어가 통하면서 남들이 절 모르는 곳에서 살고 싶어서 미국에 왔습니다. 우여곡절은 많았지만서도……. 지금은 여기서 영국계 회사에 다니고 있습니다.

요즘은 일하는 시간 빼고는 산을 다닙니다. 아시다시피 북조선에는 산이 참 많고 아름답지요. 산에 있을 때면 제가 조선에 있는지, 독일에 있는지, 미국에 있는지 잘 모르게 됩니다.

— 아니, 그런데 남편은 어디 계시고요?
— 그때가 그러니까 혼인신고를 한지 오 년 정도 된 때입니다. 예전 그 일본 여자가 회사 일 때문에 독일에 왔다며 저를 찾아왔더군요. 그녀는 일본의 큰 회사에서 일하고 있다고 했는데, 그동안 더 예쁘고 세련되어져 있었습니다.

남편과 함께 셋이서 저녁을 먹었습니다. 그런데 어떻게 된 일인지 제 남편이 유창한 일본어로 그 여자와 대화를 나누고 있더군요. 둘이서 일본어로 대화를 나누니 나는 할 말이 없어져서 그냥 테이블 이곳저곳에 시선을 던지고 있었습니다.

그런데 테이블 아래로 남편의 허리 아래를 더듬고 있는 일본 여자의 손이 보였습니다. 저는 문득 북한 당국도 찾지 못하는 나를 그녀가 어떻게 찾아냈는지 궁금해지더군요. 그 일본 여자는 남편과 내 연락을 하고 있었던 겁니다.

— 아······.
— 영국에서 만난 나는 그 사람에게 금단의 땅에서 온 신비한 꽃이었 겠지요. 하지만 나는 독일에서 그 사람에게 그저 짐이었던 것입니다. 목숨을 걸고 사랑한 남자가 나를 짐으로 여긴다면 굳이 그 사람 옆에 계속 있을 필요가 있을까요? 그날 저녁 나는 남편의 옷을 전부 다려 놓고 남편의 집을 나왔습니다. 제 오마니는 의사였지만 집에서는 항상 아바이 옷을 빳빳이 다려 주셨지요.
— ······.
— 저기 산장이 보이는군요. 저기서 밀주를 팝니다. 여기서 만난 남자 친구랄까 그냥 친구랄까, 아무튼 제 친구도 저기 살고 있고요. 여행객들에게 식사와 잠자리를 제공하는 곳입니다. 우리 저기서 간단하게 술이라도 한 잔 하고 갑시다.

아줌마 W　　　시를 받은 여자

한때 그처럼 찬란했던 광채가
이제 눈앞에서 영원히 사라졌다 한들 어떠랴
초원의 빛이여! 꽃의 영광이여!

아줌마 W는 시를 받아 본 여자다. 아줌마 W가 결혼하기 전, 아가씨 W에게는 시를 읊어주는 남자가 있었다. "오빠 나 사랑해?" 하고 물어보면 남자는 이렇게 답했다.
— 여기 적힌 먹빛이 희미해질수록/ 그대를 향하는 마음 희미해진다면/ 이 먹빛이 하얗게 마름하는 날/ 나는 그대를 잊을 수 있겠습니다
윌리엄 워즈워드의 〈초원의 빛〉이었다. 아가씨 W는 남자의 말에 압도되어 입을 다물었다.
아가씨 W는 96년에 대학을 졸업했다. 그리고 회계사 자격증을 따서 회계법인에 들어갔다. 아직 세상에 직장이 남아있던 때였다. 남자가 졸

업하던 1998년에는 세상에 직장이 없었다. 회사가 통째로 공중분해 되던 시절이었다. 너 나 할 것 없이 회계사 자격증을 따려고 몰려들었다. 남자는 신림동 고시촌에 자리를 잡았다.

　남자는 하라는 회계공부는 하지 않고 여기저기 잡문을 쓰기 시작했다. 우후죽순 생겨나는 온라인 웹진에 원고지 9매짜리 평론을 써주고 용돈을 번다고 했다. 마감이 급하면 남자는 아가씨 W에게 대신 글을 써달라고 했다. 그 원고료는 결국 너에게 쓸 돈이라는 것이었다. 그래서 통장에 원고료가 들어오면 남자는 W에게 빨간 장미꽃 한 다발을 선물했다.

　남자는 W에게 무엇이든 사주었다. 원고료가 허락하는 한. 목걸이, 도자기 인형, 자잘한 액세서리. 연애하기에는 최적인 남자였다. W는 이 관계가 하나도 이상하게 생각되지 않았다. W가 써준 글을 웹진에, 지방 대학신문에, 여러 번 팔아먹는 걸 봐도 얼마나 돈이 없으면 그럴까 싶어 안쓰러웠다.

　회계법인에서는 W를 연수시켜주겠다고 했다. W의 친구 X는 어서 가라고 했다. 지금이야말로 그 남자와 헤어질 절호의 기회라고. 남자는 W를 떠나보내면서 돈을 빌렸다. W가 보고 싶으면 국제전화도 걸어야 하고 W에게 군것질거리도 사서 보내 주고 싶은데 돈이 없다는 것이 그 이유였다.

　국제전화도 하고 소포도 보내 준다던 남자는 한참이 지나도 연락이 없었다. 그리고 남자가 결혼한다는 소식을 듣고 W는 미친 여자처럼 한국으로 돌아왔다. 남자는 다음 달에 결혼을 할 거라고 했다. 자신이 힘들 때 옆에 있어준 여자라고 했다. W가 날 사랑한 것이 아니었느냐고 하자 남자는 이렇게 대답했다.

— 그래요. 난 W를 사랑했지요.

남자의 말은 여전히 시였다. 한 번 들어서는 결혼을 하겠다는 것인지 안하겠다는 것인지 알 수가 없었다. 10년이 지나서야 W는 남자의 시를 떨쳐버리고 결혼을 하게 되었다. W가 결혼을 한다는 발표를 하자 남자가 귀신같이 소식을 알고 전화를 해왔다.

— 내 여자 친구였던 것이 자랑스러운 W. 나의 축복을 보태도 될까요?

남자는 전화로, 이메일로 달콤한 말을 쏟아 부었다. 안도현이, 에드가 엘런 포우가, 파블로 네루다가 인용되었다. 아이 아빠가 되었다는데도 그의 시 읊는 솜씨는 녹슬지 않았다. 분위기가 위험해지고 있었다. W의 친구 X가 말했다.

— 네가 미쳤구나. 너 그 남자에게 돈 떼이지 않았니? 그 돈이면 루이비통 가방도 사겠다. 널 사랑한대? 그럼 그 돈 달라고 해봐.

W는 일생일대의 용기를 짜내어 이메일을 보냈다.

— 결혼 준비 하려니 돈이 모자라. 그때 오빠한테 빌려준 돈이 이백만 원은 되는데 돌려줄 수 있어?

남자는 답했다.

— W……, 나에게 왜 이렇게 모진 말을 할까 생각해 보게 되네요.

이후로 남자는 연락이 없었다.

그 어떤 것도 되불러 올 수 없다 한들 어떠랴
우리는 슬퍼하지 않으리, 오히려
뒤에 남은 것에서 힘을 찾으리라

아줌마 X   ## 주리반득 周利槃得*

　　　　　　　아줌마 X는 주리반득이다. 아줌마 X가 처음 종교
에 입문하게 된 것은 건강을 위해서였다. 절에 다니면 산을 오르게 되
니 팔다리가 날씬해지고, 백팔배를 올리면 아랫배도 들어간다는 소리
를 들어서였다. 때마침 고3인 딸의 합격도 빌 겸해서 아줌마 X는 절
다니는 일에 맛을 들였다.

　돈 있고 열성적인 사람들처럼 동안거, 하안거까지 하지는 못해도 아
줌마 X는 절의 충실한 신자였다. 문제는 보시였다. 절 수리할 때가 되
니 대대적으로 보시를 받았다. 보시를 하면 기와, 바닥돌에 이름을 새
겨 주겠다고 했다. 남편에게 이 소리를 하면 자기 집도 없으면서 부처
님 살 집에 기와값을 낸다고 두드려 맞을 것이 뻔했다. 그래서 아줌마
X는 기와 보시 대신 청소 보시를 하겠다고 약속했다. 보살들 묵는 곳
을 닦고 쓸고, 밥 해주는 일을 도와주기로 마음먹은 것이다.

　절에 사람이 많다지만 아줌마 X처럼 살림을 잘하는 사람은 드물었

---

* 아둔하여 공부를 제대로 할 수 없었지만 청소를 하며 아라한과의 깨달음을 얻은 부처의 제자
중 한 사람

다. 청소를 하면 묵은 때까지 싹싹 지워냈고, 마당을 쓸어도 빗자루 결에 맞게 마당을 쓸어낼 줄 알았다. 고기 없이 나물 맛을 내는 것도 아줌마 X가 제일이었다. 부처님 오신 날처럼 손님을 많이 치러야하는 날이면 아줌마 X의 주가는 더욱 올라갔다.

딸이 대학에 합격하면서 절에 다니는 것이 힘들어졌다. 불심이 약해진 것이 아니고 허리힘이 떨어져서였다. 버스를 타고 산을 오르고 하는 것이 힘에 부치는 나이가 되었다. 한편으로는 딸이 교회로 다니라고 성화였다. 아줌마 X는 활동 무대를 가까운 교회로 옮겼다.

거기서도 헌금할 돈은 없었다. 절이나 교회나 사람이 사는 곳이라 뭔가 공헌이 있어야 보살님 집사님을 하는데, 아줌마 X가 할 수 있는 것은 청소밖에 없었다. 아줌마 X는 목사님에게 5년 서원을 했다. 5년 동안 이 교회 청소는 내가 도맡아 하겠습니다.

5년 동안 아줌마는 교회 청소를 했다. 차가운 교회 바닥을 광이 나게 닦았다. 5년이 지나자 아줌마는 안수집사를 받았다. 이제 교회 친목 모임은 아줌마 X를 빼놓고는 생각할 수도 없게 되었다. 수요 성경모임, 금요 새벽기도, 토요 예배, 일요 예배도 아줌마는 나갔다. 끝나고 나면 쓰레기를 줍고 휴지통을 비운 후에 집에 돌아왔다. 그것이 아줌마의 자부심이었다.

주지 스님 돌아가셨다고 다비한다며 연락이 온 것이 그즈음이었다. 주지 스님은 아줌마 X에게 짧은 화두를 남기고 불명도 지어 주셨다. '이 몸뚱이를 움직이는 게 뭐고?'라는 화두와 '득운(得雲)'이라는 불명이었다. 아줌마 X는 다비식에 갔다. 왜 이렇게 뜸하셨느냐고, 무정하다고 법우들이 난리였다.

  요즘 아줌마 X는 주말엔 교회를 다니고, 한 달에 한 번은 절에 가서 청소를 한다. 죽어서 아라한과(阿羅漢果)를 얻을 수 있을지는 모르겠지만 아줌마 X가 죽으면 교회와 절 양쪽에서 장례를 책임지도록 약속이 되어 있다. 어느 한 곳도 자기네가 빠지면 섭섭하다고 강력히 주장한다.

아줌마 Y

15만 원

아줌마 Y는 모텔에서 청소를 한다. 모텔에서는 속도가 중요하다. 한 커플이 나가고 그 다음 커플이 바로 들어올 수 있게끔 방을 빨리 치워야 하는 것이다. 아줌마 Y는 모텔 청소의 달인이었다. 방 닦고 화장실 닦고 콘돔 찾아 버리는 것이 본인 얼굴 세수하는 것보다 빨랐다.

모텔 청소로는 생활비를 감당하기가 어려웠다. 돈 먹는 하마가 있으니 더 그랬을 것이다. 나이 서른인 미혼의 딸내미는 여전히 7급 공무원에 도전하겠다고 했다. 엄마가 2년만 밀어주면 5급 행시도 가능할 거라고 큰소리를 친 것이 벌써 6년째였다. 계산대로라면 딸은 이미 차관이 되어 있었어야 했다. 골드미스까지는 바라지 않으니 9급이라도……. 아줌마 Y는 한 가닥 기대를 버리지 않았다.

모텔 엘리베이터 앞에서 아줌마 Y는 물주 아저씨를 만났다. 자동차 회사의 중역을 하다가 IMF 때 그만뒀다는 60대 남자였다. 그는 늘 40

대쯤 되어 보이는 여자를 끼고 다녔다.

　물주는 짠돌이였다. 그리고 물주 아저씨가 아줌마 Y를 택한 것은 한 가지 이유에서였다. 그것은 아줌마 Y가 외모는 그전 여자들과 비슷하면서도 모텔을 고집하지 않아서, 비용을 절약할 수 있다는 것이었다. 물주 아저씨와 아줌마는 한강변에 차를 세워 놓고 간단히 허리춤을 풀었다. 살을 섞기 전에는 통닭과 맥주를 나눠먹기도 했다. 아줌마는 그걸 굳이 몸 파는 것이라고 생각하지 않았다. 그저 용돈을 받는 데이트라고 생각했다.

　물주 아저씨는 한 번 데이트를 할 때마다 아줌마에게 15만 원씩을 주었다. 일주일에 한 번, 한 달에 60만 원은 아줌마 Y에게 큰 도움이 되었다. 아줌마는 이제 딸내미에게 용돈을 줄 수 있었다. 딸의 얼굴에는 오랜만에 생기가 돌았다. 예전에는 하루 종일 인터넷으로 무슨 채팅만 하는 것 같더니, 이제는 화장도 좀 하고 사람도 만나는 것 같았다. "원래 돈이 있어야 사람을 만나고, 사람을 만나야 수험 정보도 듣는다우." 딸의 말이었다.

　물주 아저씨를 잡은 지 넉 달째였다. 용돈이 든 봉투를 여는데 느낌이 이상했다. 만 원이 비었다. 두 번을 세어 봐도 14만 원이었다. 아줌마는 심각한 얼굴로 다음번 데이트에 나갔다. 물주 아저씨에게 또 봉투를 받았다. 이번에도 14만 원이었다. 치사해도 안 받을 수는 없었다.

　딸은 왜 용돈이 줄어드느냐고 부어터진 소리를 했다. 아줌마는 딸의 등판대기를 팡팡 때리며 이렇게 말했다. "이년, 그 돈이 어떤 돈인지 아느냐 이년. 내 돈 파먹고 사는 년. 아예 날 산 채로 뜯어먹어라 이년."

딸은 방문을 박차고 나갔다. '말 만한 년, 어린애도 아닌데 걱정할 게 뭐 있어?' 하고 아줌마는 모질게 생각했다. 어느 PC방에 박혀 있는지 뒤지고 다닐 기력도 없었다. 아줌마 Y는 기절하듯 잠이 들었다. 날이 새도록 딸은 돌아오지 않았다.

아침이 되어 잠에서 깨어 보니 딸이 없었다. 그리고 아줌마 Y의 머리맡에는 15만 원이 든 흰 봉투가 얌전히 놓여있었다. 하룻밤 새에 딸이 어디서 15만 원을 마련해 온 것인지, 아줌마 Y는 머리가 띵했다.

아줌마 Z   **재회**

　　　　　　　　아줌마 Z는 잊지 못할 사랑을 간직한 여자다. 90년대 초반, 미국 일리노이에서 대학을 다녔던 아가씨 Z는 한 남자를 만났다. 통계학을 전공하는 키가 훤칠한 청년 H였다. 그는 가수 리키 마틴을 닮은 히스패닉 청년으로, 리키 마틴하고 다른 점이 있다면 그보다 10퍼센트쯤 더 잘생겼다는 것이었다.

　아가씨 Z와 청년 H의 데이트 코스는 주로 걷는 것이었다. H도 아가씨 Z도 돈이 없는 학생이었기 때문에 둘은 시리얼을 주머니에 넣고 한 움큼씩 우물우물 씹으며 캠퍼스를 하염없이 걸었다. 춥고 다리도 아팠지만 H와 함께 즐거운 나날이었다.

　청년 H는 집이 부유하지는 않았지만 머리가 무척 좋았다. H가 바클레이 테스트(Barclay test)*를 보고 영국 바클레이 은행 인턴직에 합격하자, 모두가 그럴 줄 알았다고 했다. H가 금융업계에서 일하게 된 일도 잘된 일이었고 높은 연봉을 받게 된 것도 좋은 일이었다.

* 바클레이 은행에서 만든 GMAT과 비슷한 논리력 테스트

그러나 H가 영국 본사에서 일정기간 수련을 받아야 한다는 사실 때문에 아가씨 Z는 슬펐다. 장거리 연애의 끝은 불을 보듯 뻔한 것이니까. 하지만 슬퍼할 겨를도 없었다. 아가씨 Z도 졸업 후에 먹고 살길을 찾아야 했다.

아가씨 Z는 시카고에 있는 한 회계법인에 취직했다. 월급은 적었지만, 죽어라 일하면 빅 포(Big 4)*의 파트너가 되리란 희망이 있었다. 고객들을 많이 만나야 하는 감사 업무를 하는 부서라 스트레스가 많았다. 한인교회에서 만난 회계사와 결혼을 했지만 아이를 낳는 것은 꿈도 꾸지 못하고 갈수록 잔업만 늘어갔다.

10년이 지났다. 아줌마 Z는 여전히 중간 크기의 회계법인에 있었지만, 파트너 진급을 눈앞에 두고 있었다. 회사에서는 이미 손꼽히는 실세였다. 하지만 그동안 달라진 것은 아줌마 Z의 커리어만이 아니었다. 피 말리는 미팅과 야근이 부른 거듭되는 폭식으로, 몸무게가 어느덧 70킬로그램에 육박했던 것이다. 남편은 돈만 벌면 다냐며 날마다 구박을 했다. 아줌마 Z에게는 먹는 것도 스트레스, 먹지 않는 것도 스트레스였다.

H에게서 연락이 온 건 그즈음이었다. 그는 한 번 결혼했다가 이혼을 했다고 했다. 런던에서 근무한 후 뉴욕으로 자리를 옮겼고, 뉴욕에서는 금융 부티크(boutique)에 취직하여 헤지펀드를 운용했다고 했다. 다른 어떤 일도 하지 않고, 지극히 부유한 사람들(super rich)의 가족 재산만을 관리하는 것이 H의 직업이었다.

---

* 미국에서 가장 영향력 있는 회계 회사 4개로, 프라이스워터하우스 쿠퍼스, 딜로이트 투슈, 어니스트 앤 영, 케이피엠지가 있다.

그러다가 H는 대박을 터뜨렸단다. 그래서 그는 헤지펀드 수수료만으로도 엄청난 은퇴자금을 확보하고 벌써 은퇴를 했다고 했다. 오늘 전화를 건 것은 이번에 시카고 선물시장의 친구들을 만나러 오래간만에 무거운 엉덩이를 움직였는데, 문득 아줌마 Z 생각이 났다며, 찰리 트로터 식당에서 볼 수 있느냐고 했다. 물론 아줌마 Z가 괜찮다면.

불륜이었다. 목적이 뚜렷한 만남이었다. 아줌마 Z는 순진한 나이가 아니었다. 다시 만나면 무슨 일이 생길지 안 봐도 뻔한 일이었다. 아줌마 Z는 남편을 생각했다. 또 흉하게 늘어진 자신의 허리를 생각했다. '그래도 나, 아직 쓸 만하지 않나? 살은 쪘지만 가슴이 커져서 허리가 덜 눈에 띌 테지.' 하지만 욕정과 호기심이 윤리를 이기는 건 시간 문제였다.

찰리 트로터 식당에서 아줌마 Z는 냉수를 들이켜며 H를 기다렸다. 꼭 자려고 만나는 것은 아니라고 되뇌었지만 다리털을 밀고 전신 코르셋에 검은 드레스를 입었다. 그리고 H가 나타났다. 그 사람이 진짜 H인지 알아보는 데는 시간이 좀 걸렸지만 말이다.

눈앞에는 2백 킬로그램은 되어 보이는 남자가 서 있었다. 그는 사람 좋아 보이는 웃음을 지으며, 부티크에서 일하면서 스트레스가 너무 심했고, 스트레스가 심해 미식을 탐했는데, 살이 찌자 아내가 이혼을 요구했다고 했다. 또 밖을 나다닐 때는 가끔 휠체어를 타곤 하는데, 요즘은 조금씩 운동을 해서 좋아졌다고 말했다.

아줌마 Z는 당혹스러운 표정을 잘 감추지 못하는 사람이었다. 하지만 그렇다고 '너 어쩌려고 이러냐, 인생 포기했냐, 살 좀 빼야하지 않냐'라는 말을 하기에는 너무나 미국식으로 교육받은 사람이었다. 아줌마 Z는 제 3의 길을 찾았다.

― H, 우리 학교 다닐 때 못해 봤던 거 다 해보자.

아줌마 Z의 눈이 갑자기 반짝반짝 빛났다. 아줌마 Z는 식당 메뉴판을 들고 맨 위에서부터 하나씩 음식을 주문했다. 요리가 나오자 어색한 분위기가 순식간에 사라져버렸다. 아줌마 Z와 아저씨 H는 음식에 감탄하고 와인을 칭송하며, 한 접시 한 접시 사이좋게 제패해 나갔다. 이렇게 정다운 관계는 근래 5년 동안 처음 가져보는 것 같았다.

와인 네 병이 아작이 나고 요리 스무 개가 없어졌다. 디저트까지 맛있게 먹고 아줌마 Z는 아저씨 H와 헤어졌다. 언제 다시 만날 수 있을지는 모르지만, 다시 만날 때는 러쉬 스트리트 깁슨에서 스테이크를 먹자고 했다. 헤어지면서 아줌마 Z는 H를 가볍게 안아주었다. 불륜을 우정으로 승화시켰으니 식탐이 이 아니 고마우냐 생각하면서.

작가의 말

　이 책이 '희망'에 관한 이야기냐는 질문을 편집자로부터 받았다. 이 책은 '위로'에 관한 이야기이다. 이 책은 나와, 친정어머니와, 시어머니와, 그리고 세상의 모든 아줌마들을 위로하기 위한 책이다.
　결혼 전에 나는 내가 특별한 사람이라고 생각했었다. 따라서 내 인생은 특별할 것이라고 생각했다. 특별하다는 것은 구질구질한 일상과 관계없는 고상한 생활을 의미한다. 세상 사람들이 겪는 불행이 나만은 비켜갈 것이라는 근거 없는 믿음이 있었다. 비즈니스 슈트를 차려입고, 국제선 공항을 누비며, 똑똑한 사람들과 고담준론을 나누며 살 것이라고 생각했다. 호화로운 사무실에서 도시의 야경을 내려다보며 샴페인을 홀짝거리는 생활. 내 힘으로 내가 쓸 돈을 벌고, 내가 사고 싶은 것을 사면서 자유롭게 살아가는 것.
　싸구려 커피에 빵 한 조각을 씹을 지라도 음악이 없는 식사는 마소와 같다고 말하며, 고고하고 우아하게 살겠다고 생각했다. 요새 유행하는 차도녀(차가운 도시의 여자)라는 말은, 바로 나의 허세를 핀셋으로 정확히 집어낸 단어였다.

나는 즉, '아줌마처럼 살지 않을 것'이라 생각했었다. 하지만 결혼을 하고 자식을 낳자, 나는 '휙' 하고 아줌마가 되었다. 그것은 마치 매복된 적군처럼 나를 덮쳤다. 머리는 아직도 높은 곳을 향해 있는데, 손발은 잠시도 쉴 틈이 없었다. 요리, 설거지, 세탁, 육아, 청소 등 아무리 해도 티가 나지 않고, 남에게 무엇을 했다고 설명하기도 힘든 자질구레한 일들이 끝도 없이 쏟아졌다.

게다가 아기가 태어났다는 것은 상황이 걷잡을 수 없게 되었다는 뜻이었다. 아기는 내 생각보다 힘이 훨씬 셌다. 기저귀를 가는 내 손을 발로 걷어차는데 그 힘이 아주 셌다. 또 어느 순간에든지 젖병을 들고 달려오게 만드는 영향력 또한 셌다.

내 몸은 마치 아기가 한바탕 휘젓고 나가 고갱이가 빠진 듯 힘이 없었고, 팔다리는 매일 두들겨 맞은 듯 아팠다. 게다가 그때는 하필 남편과 내가 둘 다 박사과정에 있었던 시기였다. 남편은 악당이 아니었다. 선한 사람이었다. 둘도 없는 내 사랑이었다. 하지만 사랑과 가사노동은 엄연히 별개였다.

우리는 가사노동의 적절한 분담량과 육아문제를 놓고 한 치의 양보도 없이 치열하게 논쟁했다. 둘 다 박사급으로 훈련된 논리구조를 가지고, 청소와 빨래와 똥기저귀의 합리적인 분배에 대해 자신의 이론을 펼쳤다. 니케아 공회의 삼위일체 토론을 방불케 하는 치열한 논쟁이 오고 가야

비로소 한 개의 가사분담이 이루어질 수 있었다.

그래서 나는 논리학, 철학, 인식론이 다 싫어졌다. '말'이 무슨 소용인가? 기저귀를 가는 데에는 말이 필요 없다. 갈아야만 하는 것이다. 갈면 되는 것이다. '말'이 아닌 '행동'이 필요했다. '말', 고상한 이야기였다. 특별하고 선택받은 사람들의 이야기였다. 잘난 사람들의 이야기, 나는 이래서 특별하고 이렇게 성공했다는 이야기, 나는 너희들과 다르다고 지껄이는 사람들의 이야기가 재미없어졌다.

그때 구원투수가 한국에서 도착했다. 처음엔 친정어머니, 나중엔 시어머니가 그들이었다. 친정어머니는 출산한 지 3일된 나에게 도서관에 가서 공부를 하라고 한 여자다. 나는 이 아줌마의 머릿속에 도대체 뭐가 들어있는지 궁금했다. 그때부터 나는 친정어머니를 붙들고 이 이야기, 저 이야기를 나누었다. 무척 잘난 줄 알고 사는 동안 한 번도 궁금해 하지 않았던, 우리네 어머니들의 진짜 이야기들이었다.

친정어머니가 철수하신 후에는 시어머니가 미국으로 오셨다. 나와 남편은 시어머니가 해주는 밥을 먹고 빨아 주는 옷을 입으며 박사 학위를 받았다. 헛똑똑이 둘이 '말'의 탑을 쌓는 동안, 시어머니는 실제 '일'을 했다.

나는 시어머니와 함께 장을 보면서 여러 가지를 배웠다. 물건을 사는 데도 기술이 있었다. 시어머니와 장을 보면 대형마트에서 산다 할지라도 더 알뜰하게 신선한 물건을 사올 수 있었다. 집에 뭐가 있고 뭐가 없는지, 그 재고 내역을 훤하게 알고 있지 않으면 불가능한 일이었다. 재고는 빨리 순환시키고 비용은 줄인다는 것은 경영학의 기본인데, 나는 그걸 그냥 읊

어맬 뿐이지만 시어머니는 그것을 실천하고 있었다.

미국에서 장을 보려면 주말 하루를 다 잡아야 한다. 이 마켓, 저 마켓을 돌아다녀야 하기 때문이다. 장을 보러 다니는 차안에서 나는 친정어머니와 그랬듯 시어머니와 이런저런 이야기를 나눴다. 그동안 살면서 겪은 기막힌 이야기, 사기 당한 이야기, 억울했던 기억, 그리고 인생의 기뻤던 순간 등등.

아줌마들의 이야기를 써보고 싶다고 생각한 것이 그때쯤이었다. 나는 다른 도시로 강의를 하러 가는 왕복 다섯 시간의 운전 시간 동안 아줌마들의 이야기를 생각했다. 예전에 내 차에서 어머니, 시어머니와 함께 아줌마들의 이야기를 나눈 것처럼, 태양 아래 끝도 없이 펼쳐진 옥수수 밭과 콩밭을 가로지르며 나는 현실과 허구의 세계 경계에 있는 아줌마들의 이야기를 생각했다.

세상 사람들은 교통사고도 당하고, 사기도 당하고, 말썽부리는 친척도 가지고 살아간다. 그리고 그 부산스러운 일상을 어찌어찌 수습하고 살아가게 하는 것이 우리의 엄마들이고, 이모들이고, 결국은 아줌마들이다.

선주스쿨(www.sunjooschool.com)에 아줌마 A의 이야기를 처음으로 썼다. A의 이야기를 쓰고 나니 B의 이야기도 쓰고 싶었다. 그렇게 A부터 Z까지의 이야기를 썼다. 그러고도 할 이야기가 남아서 A부터 Z까지 한 번을 더 썼다. 그것은 내 엄마의 이야기, 내 친구의 이야기, 내 선배의 이야기, 그리고 또 나의 이야기였다. 그렇게 52편의 아줌마 X 시리즈는 탄생했다.

미디어는 아줌마를 모른 척 하거나 허상의 아줌마 모습만을 보여준다. 그들은 신국의 왕이거나 최초의 여성 대통령이거나 재벌과 사랑에 빠진 신데렐라다. 나는 그런 아줌마를 믿지 않는다. 내가 믿는 것은 '진짜 아줌마'들이다. 자식을 위해 복 짓는다고 생각하고 적선하는 아줌마들, 지긋지긋한 일상의 노동을 묵묵히 감내하는 아줌마들, 그리고 삶에 대한 희망을 절대로 놓지 않는 아줌마들이다.

나의 어머니, 나의 시어머니, 그리고 내가 만들어 가는 이야기들. 세상의 수많은 아줌마들의 이야기를 모아서, 누구도 특별하지 않고 저마다 특별한 아줌마들의 인생 이야기를 담았다. 그들 중 하나, 아줌마 X로서 나는 이 글을 썼다. 아무도 이 어여쁜 아줌마들을 기억해 주지 않으면 서럽지 않은가. 이 책이 그런 아줌마들에게 희망이 될 수는 없을지라도 위로가 되어주었으면 좋겠다.

2010년 12월
이민아

아줌마

초판 인쇄	2010년 12월 22일
초판 발행	2010년 12월 29일
지은이	이민아
펴낸이	김상윤
편집장	이성욱
진행	임지원
펴낸곳	씨네21(주)
출판등록	2005년 3월 25일 제 313-2005-000054호
주소	100-250 서울시 중구 예장동 1-52 대명빌딩
전화	02-6377-0503
팩스	02-6377-0577
전자우편	book@cine21.com
홈페이지	www.cine21.com

값 12,000원
ISBN 978-89-93208-98-6 03810

- 이 책은 저작권법에 의해 보호를 받는 저작물이므로 무단 전재 및 복제를 금합니다.
- 잘못된 책은 구입하신 서점에서 바꾸어 드립니다.